Stories of Faith

Fabian Vogt
Stories of Faith

 Die Basics des Christentums
in 153 chilligen Posts

edition✝chrismon

Bibliografische Information der Deutschen Nationalbibliothek:
Die Deutsche Nationalbibliothek verzeichnet diese Publikation
in der Deutschen Nationalbibliografie; detaillierte bibliografische Daten sind im Internet über http://dnb.d-nb.de abrufbar.

© 2023 by edition chrismon in der Evangelischen
Verlagsanstalt GmbH · Leipzig
Printed in Germany

Das Buch wurde auf alterungsbeständigem Papier gedruckt.

Cover: Anja Haß, Leipzig
Coverfoto: © Efe Kurnaz/unsplash + Baranovskaya/iStock
Layout: makena plangrafik, Leipzig & Zwenkau
Druck und Bindung: Westermann Druck GmbH, Zwickau

ISBN 978-3-96038-332-1 // eISBN (E-Pub) 978-3-96038-357-4
www.eva-leipzig.de

Inhalt

Vorwort

(in Kurznachrichten)

🙂 Hat Jesus (▶ JESUS) gerne komplexe Erklärungen von sich gegeben? Nö! Er hat am liebsten erzählt. Voller Leidenschaft und vermutlich mit Händen und Füßen. Kurze, anschauliche und meist unterhaltsame »Stories«, wie man heute sagt; Geschichten und Anekdoten voller Bilder, Symbole und Vergleiche. Zum Beispiel hat er nicht erklärt: »Der Mensch neigt im Allgemeinen dazu, eher die Fehler anderer wahrzunehmen, als eigene Defizite zu erkennen.« Nein, er hat stattdessen frech verkündet: »*Hey! Ist dir mal aufgefallen, dass du ständig Splitter im Auge deines Nächsten entdeckst und gar nicht merkst, dass du selbst einen ganzen Balken im Auge hast?*« (Lk 6,41) Was mehr meint als einen »Knick in der Optik«. Offensichtlich kann man sich vielen Themen perfekt über kurze Geschichten nähern. Gerade dem Glauben (▶ GLAUBEN). Und genau das macht dieses Buch. Es erzählt **»Stories of Faith«**.

🙂 Voilà! Herzlich willkommen in einer verrückten Sammlung voller »Geschichten des Glaubens« (▶ GLAUBEN). Aber kann ein **Handbuch** wie das hier unterhaltsam sein? Probieren wir's aus! Wobei ich überzeugt bin: Jesus (▶ JESUS), dem wilden Erzähler, hätte das Format einer Story ziemlich gut gefallen. Kein Wunder (▶ WUNDER): Das ist inzwischen *die* Erzählform in den sozialen Medien. Jeden Tag (!) werden mehr als 1,5 Milliarden Stories gepostet, ja: 1,5 Milliarden – und es gibt kaum eine Plattform, die in den letzten Jahren nicht auch eine Story-Funktion eingerichtet hätte: Instagram, Snapchat, WhatsApp, Twitter, LinkedIn, Facebook, YouTube ... Überall sind Menschen fasziniert davon, kurze (meist einminütige) Einblicke in die Themen anderer zu bekommen. Manchmal geht es da nur um das Mittagessen (Currywurst mit Brokkoli) oder das Auspacken eines Handrührgeräts, manchmal aber auch um existenzielle Fragen.

☺ Fachleute sagen: Das Charmante an Social-Media-Stories ist nicht nur, dass sie so kurz und knackig sind, sondern auch, dass sie eine rohe, **authentische Erzählform** darstellen. Bei diesen Stories geht es nicht um Hochglanz-Werbebotschaften, sondern um möglichst alltägliche, unverfälschte, nachvollziehbare und interessante Eindrücke aus den Lebenswelten meiner Zeitgenossen. Witzig und kreativ sollten sie sein. Was zugleich bedeutet: Auch wenn es um Authentizität geht, sind gute Stories eine Kunst. Da sollte man nicht einfach seine »Hackfresse« (wie der aufgeklärte Hesse sagt) in die Handy-Kamera halten und irgendwas vor sich hinblubbern, da darf man sich vorher gerne ein paar kluge Gedanken machen. Noch mal, mir scheint: Genau diese Attribute hatten auch die Stories von Jesus (▶ JESUS).

😊 Den Versuch, einen kleinen Überblick über die verschiedenen Perspektiven und Basics des Glaubens zu geben, nannte man früher **Katechismus** (▸ KATECHISMUS). Klingt komisch. Ist es auch. Stammt aber von dem griechischen Wort »Katechein« ab, was so viel bedeutet wie »herabtönen« ... weil früher die Lehrkräfte meist von einer Kanzel (▸ KANZEL) herab dozierten. Es ging aber schon immer darum, dass Glauben (▸ GLAUBEN) auch was mit Wissen zu tun hat. Wenn ich nicht weiß, wer Jesus (▸ JESUS) ist, was Menschen überhaupt meinen, wenn sie von Gott (▸ GOTT) sprechen, und ob der Begriff »Dreifaltigkeit« (▸ DREIFALTIGKEIT) die Zahl der älteren Gäste im Gottesdienst (▸ GOTTESDIENST) meint, dann wird es mir schwerer fallen, selbst eine beglückende und befreiende Glaubenserfahrung zu machen. Und ich bin schon lange überzeugt: So ein Katechismus, der darf nicht nur, der soll fröhlich, einladend, wohltuend und heiter sein.

😊 Ein Phänomen, das ich in »Stories of Faith« beschreibe, ist die **Ökumene** (▸ ÖKUMENE). Womit die Gemeinschaft und die Zusammenarbeit verschiedener, lange verfeindeter Konfessionen (▸ KONFESSION) gemeint ist; meist von katholischen (▸ KATHOLISCH) und evangelischen (▸ EVANGELISCH) Wesen, die alle denken, sie wüssten besser als die anderen, was der wahre Glaube ist. Nun: Dieses Buch ist ökumenisch angelegt und versucht, beide Blickwinkel einfließen zu lassen. Da ich aber Protestant bin (wofür ich nichts kann, das ist vererbt), gehe ich gewohnheitsgemäß von den evangelischen Begriffen aus. Ja, die Konfessionen haben nämlich sogar verschiedene Sprachen: »Abendmahl« (▸ ABENDMAHL) heißt bei Katholiken »Eucharistie« (▸ EUCHARISTIE), »Gottesdienst« (▸ GOTTESDIENST) heißt »Messe« (▸ MESSE) und »Konfirmation« (▸ KONFIRMATION) wundersamerweise »Firmung« (▸ FIRMUNG). Wird aber alles brav erläutert.

🙂 Und wer sich jetzt verdutzt fragt: »Warum ausgerechnet **153 Posts**?« – der oder dem sei gesagt: 153 ist eine besondere Zahl! Und natürlich steckt dahinter eine Story. Nach der Auferstehung (▸ AUFERSTEHUNG) begegnet Jesus (▸ JESUS) noch mal seinen Jüngern (▸ JÜNGER), die gerade eine erfolglose Tour mit dem Fischerboot hinter sich gebracht haben. Nicht einen müden Barsch haben sie gefangen. Da motiviert sie Jesus: »Werft doch das Netz mal auf der anderen Seite des Bootes aus.« Und siehe da: Die Jungs fangen 153 Fische. Wahnsinn. 153! So viele Arten an Lebewesen kannte man damals. 153 steht deshalb für die ganze Welt. Und die Jünger erkannten: Manchmal muss man sein Netz auf der »anderen Seite auswerfen« – also: anders denken als bisher –, wenn man Neues schaffen will. Zum Beispiel: die ganze Welt mit der Schönheit des Glaubens (▸ GLAUBEN) vertraut machen.

🙂 Als Kabarettist erlebe ich regelmäßig, dass mich Menschen mit weit aufgerissenen Augen anschauen und fragen: »Darf man denn so frech und ausgelassen über **heilige**

Dinge sprechen?« Äh ... Ja! Das darf man. Finde ich jeden- falls. Zumindest wissen wir, dass die Geschichten von Jesus vor 2.000 Jahren auch keinerlei konservativen Normen ent- sprochen haben. Dazu kommt: Viele Menschen meinen bis heute: »Wenn der liebe Gott kommt, dann hört der Spaß auf.« So'n Quatsch! Dann fängt der Spaß erst richtig an. Darum steht ja im Neuen Testament (▸ NEUES TESTAMENT): *»Freut euch über Gott auf all euren Wegen, und ich sag's noch mal: Freut euch!«* (Phil 4,4) Dazu will dieses Buch bei- tragen – auch wenn manch saloppe Formulierung zu gewagt erscheinen mag. Mir sind diese Themen viel zu wichtig, als dass ich sie bierernst präsentieren wollte. In diesem Sinn: Viel Spaß!

153
Stories of Faith

A

😊 Abendmahl

Der Name trügt: »Abend-Mahl« gibt's meist morgens – und ohne Kalorien. Und wenn dabei ein liturgisches (▶ LITURGIE) Geschöpf verkündet: *»Schmeckt und seht, wie freundlich der Herr ist«* (Ps 34,9), wundern sich viele. Schmeckt Gott (▶ GOTT) wirklich wie eine pappige Oblate (▶ HOSTIE) und ein Frühburgunder vom Discounter? So wird's nämlich im Gottesdienst (▶ GOTTESDIENST) oft umgesetzt. Dabei steckt hinterm Abendmahl eine tolle Idee: Am Abend vor der Kreuzigung (▶ KREUZIGUNG), *»während des Mahls«* (Mk 14,22), also beim Festessen, nimmt Jesus (▶ JESUS) Brot und Wein und deutet sie neu: *»Dieses Brot ist mein Leib. Dieser Wein ist mein Blut.«* Sprich: »Wenn ihr als Glaubende zusammen esst und trinkt, bin ich, Gottes Sohn, leibhaftig unter euch.« Was für eine Verheißung! Christen feiern die »Eucharistie« (»Danksagung«, die Luther [▶ LUTHER] »Abendmahl« nennt) von Anbeginn an – aber streiten seit Langem, wie sie genau zu verstehen ist (▶ TRANSSUBSTANTIATION).

Aberglaube

Aberglaube hieß früher »Afterglaube« – was ein bisschen wie »Glaube am Arsch« (▸ GLAUBEN) klingt; und auch so was meint: jedes Vertrauen (▸ VERTRAUEN) auf übersinnliche Mächte, das nicht mit der kirchlichen (▸ KIRCHE) Lehre übereinstimmt. Vom Hoffen (▸ HOFFNUNG) auf die magische Unterstützung von Glücksbringern, Maskottchen, Sternzeichen oder Kleeblättern ... bis zur Angst vor schwarzen Katzen (▸ KATZE. Unsinn, den Eintrag gibt's natürlich nicht!), Dämonen oder Hotelzimmern mit der Nummer 13. Sprich: Wer beseelt denkt, er hätte mehr Glück im Leben, wenn er einem Schornsteinfeger begegnet, der ist abergläubisch. Allerdings: Wer die Glaubensnorm bestimmt, von der sich Aberglaube unterscheidet, ist völlig unklar – und jede Glaubensrichtung sieht das anders. Fairerweise muss man sogar erwähnen: Für einen Atheisten (▸ ATHEISMUS) ist jede Form von Religion (▸ RELIGION) Aberglaube.

 ## Abraham

Abraham ist einer der Superhelden des Alten Testaments (▸ ALTES TESTAMENT), den sowohl Christen als auch Juden (▸ JUDENTUM) und Muslime (▸ ISLAM) als ihren »Stammvater« bewundern. Seine Superkraft? Sein Glaube (▸ GLAUBEN)! Als Gott (▸ GOTT) lässig verkündet: *»Zieh in ein unbekanntes Land, das ich dir zeigen werde!«* (Gen 12), macht sich Abraham stante pede auf den Weg – ohne zu wissen, wohin die Tour geht. Als drei Engel dem alten Dude verkünden, er bekäme doch noch einen ersehnten Erben, hat er (anders als seine ebenfalls faltenfrohe Frau Sarah) keine Zweifel – und ist später sogar bereit, dieses Wunschkind zu opfern, als Gott ihn dazu auffordert. War aber nur eine Prüfung; wenn auch eine gemeine. Gott verhindert die Bluttat und weiß jetzt: Dieser Mann vertraut mir wirklich. Etwa 2.000 Jahre vor Christus (▸ CHRISTUS) könnte das gewesen sein. Später wird Abraham so angehimmelt, dass die Redewendung entsteht: »Sicher wie in Abrahams Schoß«.

Advent

Advent, Advent, ein Lichtlein (▸ LICHT) brennt. Und wenn's vier sind, steht Weihnachten (▸ WEIHNACHTEN) vor der Tür. Halleluja (▸ HALLELUJA)! Der Begriff »Advent« kommt vom lateinischen »Adventus« (= Ankunft) und meint die bunte Glitzerzeit, in der sich Glaubende (▸ GLAUBEN) auf die Geburtstagsparty Jesu (▸ JESUS) vorbereiten. Nebenbei: Um sich richtig auf dieses Fest einzustimmen, haben die Menschen früher im Advent sogar gefastet – heute vernaschen sie tagtäglich Schokolade aus dem Adventskalender. Der übrigens fragwürdig ist, weil die Adventszeit nicht am 1. Dezember, sondern am Abend vor dem 1. Advent beginnt, also dem ersten von vier Sonntagen (▸ SONNTAG) vor dem Heiligen Abend. Nun, das Wesentliche dazu hat der barocke Dichter Angelus Silesius so ausgelegt: »Wäre Christus (▸ CHRISTUS) tausendmal zu Bethlehem geboren,/ doch nicht in dir: Du bliebst noch ewiglich verloren.«

Agende

Eine Agende ist eine neckische To-do-Liste für den Gottesdienst (▸ GOTTESDIENST): Was passiert wann (lateinisch *agere*: »was zu tun ist«)? Zum Beispiel: Welche Texte werden gelesen? Wann wird geträllert? Und an welcher Stelle wird der Mega-Seniorenausflug ins Kieswerk von Großkrotzenburg angekündigt? Gelegentlich stehen da auch so kostbare Hinweise wie: Wann muss sich die Gemeinde (▸ GEMEINDE) erheben? Wohin dreht der Pope (▸ PFARRER/PASTORIN/PRIESTER) sein Gesicht beim Gebet (▸ BETEN)? Und: Was macht man, wenn den Liturgen (▸ LITURGIE) direkt vor dem Gottesdienst der Schlag trifft? Katholiken (▸ KATHOLISCH) nennen die Agende lieber »Messbuch«, bei Protestanten (▸ PROTESTANTISMUS) wird inzwischen »Gottesdienstbuch« gehypt. Und natürlich gibt es solche Gebrauchsanleitungen auch für viele Sonderfälle: Taufen (▸ TAUFE), Trauungen (▸ TRAUUNG) oder die Einweihung neuer Jauchegruben.

 ## Albe ▸ Talar

 ## Altar

Altäre gibt es schon viel länger, als es Christinnen und Christen (▸ CHRISTENTUM) gibt. Das Wort kommt vom lateinischen *alta ara* und meint ursprünglich den Feueraufsatz auf einem Tisch, auf dem viele Völker seit Urzeiten Menschen, Tiere oder Biogemüse gegrillt haben, um ihre Gottheiten (▸ GOTT) gnädig zu stimmen. Die frühe Kirche (▸ KIR-CHE) verkündete dann übermütig: Der Tod Jesu (▸ JESUS) am Kreuz (▸ KREUZ) ist quasi das ultimative, allumfassende Schlussopfer, nach dem es nie wieder ein Opfer braucht. Gott muss nämlich nicht gnädig (▸ GNADE) gestimmt werden, er ist gnädig. Der Kirchenvater Ambrosius drückt das so aus: »Jesus, der für uns alle gelitten hat, liegt auf dem Altar.« Heute steht in fast jeder Kirche ein Altar – ein »Tisch des Herrn«, an dem das Abendmahl (▸ ABENDMAHL) ausgeteilt wird. Manche Gemeinschaften betonen aber die Tischigkeit des Altars besonders. Weil sie finden: An das rituelle Barbecue wollen wir nicht mal mehr erinnert werden.

Altes Testament

Wenn man woke sein will, sollte man nicht »Altes Testament« sagen – weil das nach »überholt«, »senil« und »minderwertig« klingen könnte. Als politisch korrekt gilt heute »Erstes Testament« oder »Hebräische Bibel«. Gemeint ist aber dasselbe: die heiligen, überwiegend in Hebräisch verfassten Schriften des Judentums (▸ JUDENTUM), die den ersten Teil der Bibel (▸ BIBEL) bilden. Darin stehen großartige Stories wie die von der Schöpfung (▸ SCHÖPFUNG), die Abenteuer Abrahams (▸ ABRAHAM) oder das beste Roadmovie aller Zeiten: der Auszug der Israeliten aus Ägypten (▸ EXODUS). Dazu kommt: Christen sind überzeugt, dass vor allem die jüdischen Propheten (▸ PROPHET) ständig auf Jesus (▸ JESUS) hinweisen. Was man im Judentum (▸ JUDEN-TUM) anders sieht. Nebenbei: »Testament« meint hier nicht

»Karl-Heinz erbt den Rottweiler«, sondern »Gott und Mensch haben einen Bund miteinander geschlossen«.

 Ambo ▸ Kanzel

 Amen

»Jo, so isses!« oder »So soll es passieren!«: »Amen« ist ein bekräftigender Zustimmungsruf, den es in allen abrahamitischen (▸ ABRAHAM) Religionen (▸ RELIGION) gibt. Quasi ein verbales Ausrufezeichen hinter allem, was man vorher verzapft hat. »Amen« stammt von einem hebräischen Begriff ab, der »Festmachen« bedeutet, also so was wie »Das gilt!«. Es hat aber auch eine spirituelle Komponente: »Das sage ich angesichts des Himmels« (▸ HIMMEL) oder: »Das soll bei Gott (▸ GOTT) festgemacht sein.« Lustigerweise nutzen wir das Amen nur am Ende unserer Salbadereien, Jesus (▸ JESUS) dagegen eröffnet seine Worte gerne damit: »Amen, ich sage euch ...« – das meint dann: »Achtung! Jetzt kommt was Wichtiges ...« Manche behaupten sogar, »Amen« wäre mit »Om« verwandt, der heiligen Silbe der Buddhisten und Hindus, dem Urklang, aus dem das Universum entsteht. Keine Ahnung, ob's stimmt. Macht nix. Amen!

Angst

Christinnen und Christen (▸ CHRISTENTUM) betonen gerne, dass kein Zuspruch öfter in der Bibel (▸ BIBEL) steht als *»Fürchte dich nicht!«*. Offensichtlich wirkt Glaube (▸ GLAUBE) wie ein Therapeutikum oder eine Arznei gegen die Furcht vor dem Leben. Wichtig ist: Unser Wort »Angst« kommt vom lateinischen *Angustus* und bedeutet »eng«. Angst umfasst also alles, was unseren Horizont eng macht oder uns die Brust und die Seele zusammenschnürt. Wie schön, wenn da ein Psalmist (▸ PSALM) dagegenhält: *»Gott (▸ GOTT), du stellst meine Füße auf weiten Raum.«* (Ps 31) Logisch: Ein Mensch, der glauben kann, dass er von Gott geliebt ist, dass sich der Himmel (▸ HIMMEL) über seine Existenz freut und dass bei Gott selbst der Tod (▸ AUFERSTEHUNG) nicht das letzte Wort hat, so jemand lässt sich von den Nickeligkeiten des Alltags nicht so schnell aus der Bahn werfen. Der feiert Gottes Zusage: *»Hab' keine Angst. Ich bin immer bei dir.«* (Jes 41)

 # Antependien

Antependien (lateinisch *ante pendere*: davorhängen) sind der »Lendenschurz« von Altar (▸ ALTAR) und Kanzel (▸ KANZEL); farbige Stoffe, die die Kirche (▸ KIRCHE) aufhübschen und dabei wie ein Kalender funktionieren. Ja, Antependien (▸ ANTEPENDIEN. Witzig, oder?) sind nicht einfach nur eine stylische Vermummung, dahinter verbirgt sich ein komplexer Farbcode, den selbst Eingeweihte oft nur mit Hilfe einer Dechiffrier-Maschine zuordnen können. Hier ein verkürzter Schnelldurchlauf: Weiß steht für »Licht« (▸ LICHT) und wird bei den Christusfesten (▸ CHRISTUS) geschmückt: Ostern (▸ OSTERN) und Weihnachten (▸ WEIHNACHTEN). Lila gibt's in allen Übergangsphasen: Passionszeit (▸ PASSION) und Adventszeit (▸ ADVENT). Rot steht für »Feuer« und wird vor allem an Pfingsten (▸ PFINGSTEN) geflaggt. Und Grün symbolisiert die Hoffnung (▸ HOFFNUNG). Vermutlich wird's deshalb in der zweiten Jahreshälfte monatelang aufgezogen, so nach dem Motto: »Hoffentlich passiert mal wieder was Spannendes.« Ach ja, und bei Beerdigungen (▸ BEERDIGUNG) sehen alle schwarz.

Apokalypse

Wer Katastrophenfilme liebt, in denen irgendwas Widerliches die Welt zerstören will – Kometen, Außerirdische, Killer-Viren, Monster-Dinos, Zombies oder Verschwörungstheoretiker –, der denkt vermutlich: Apokalypse bedeutet Weltuntergang. Stimmt aber nicht. Apokalypse meint »Weltaufgang«, genauer: »Enthüllung«. Viele Religionen (▸ RELIGION) sind nämlich überzeugt: Die Welt, wie wir sie kennen, wird irgendwann durch eine bessere Wirklichkeit abgelöst; eine, in der die Menschen mit dem Göttlichen (▸ GOTT) vereint sind. Für Christen (▸ CHRISTENTUM) war früh klar: Dann kommt auch Jesus (▸ JESUS) zurück. Und selbst, wenn das Aufploppen dieser »Erde 2.0« mit einer allumfassenden Gerichtsverhandlung (▸ JÜNGSTES GERICHT) und der Zerstörung der alten Realität verbunden ist, gilt es als etwas Erstrebenswertes. In den ersten Jahrzehnten nach der Himmelfahrt (▸ HIMMELFAHRT) hoffte man noch, die Apoka-

lypse käme schnell – aber bislang haben sich alle Apoka-
lyptiker gründlich verrechnet.

 ## Apostel

Wenn man's genau nimmt, sind alle Christinnen und
Christen (▸ CHRISTENTUM) Apostelinnen (Heißt das so?)
und Apostel: Menschen, die von Jesus (▸ JESUS) »gesandt«
sind (griechisch: Apostolos = der Gesandte), fröhlich von
der Schönheit des Glaubens (▸ GLAUBEN) zu schwärmen. In
der kirchlichen (▸ KIRCHE) Überlieferung bezieht sich dieser lässige Ehrentitel aber vor allem und zuallererst auf
die zwölf Jünger (▸ JÜNGER), die Jesus zu Lebzeiten als seine engsten Vertrauten beruft, eben die sogenannten zwölf
Apostel. Diese »Eingeweihten« werden auch in der Kunst
gerne als Jesu herausgehobene Eingreiftruppe präsentiert, quasi die GSG 12 der geistlichen Antike. Irritierend
ist da nur, dass sich der deutlich später berufene Mail-Ex-
perte (▸ EPISTEL) Paulus (▸ PAULUS) ebenfalls als Apostel bezeichnet, weil ihm Jesus in einer spektakulären Vision erscheint. Egal! Wie gesagt: Sind wir nicht alle ein bisschen
Apostel?

 ## Apostolikum ▸ Bekenntnis

Atheismus

Atheisten (griechisch *atheos*: ohne Gott [▸ GOTT]) sind entweder überzeugt: »Es gibt gar keinen Gott!«, oder sie sagen: »Ich brauche keinen Gott.« Was andere für total gottlos halten. Spannend wird es, wenn man Atheisten fragt, was genau sie denn da ablehnen. Dann stellt man nämlich oft fest: Der Gott, an den du nicht glaubst, an den würde ich auch nicht glauben (▸ GLAUBEN). Warum? Weil es schrecklich viele schreckliche Gottesbilder gibt, die mit dem Gott der Bibel (▸ BIBEL) so gar nichts zu tun haben: der böse Überwachungsgott, der Entmündigungsgott oder der Gott, in dessen Namen Kreuzzüge (▸ KREUZZÜGE) und widerwärtigster Missbrauch gerechtfertigt werden. Solche kruden Gottesbilder sollte jede und jeder hinter sich lassen. Der Philosoph Ernst Block erklärt sogar: »Nur ein Atheist kann ein guter Christ sein, gewiss aber auch: Nur ein Christ kann ein guter Atheist sein.« Puh! Da darf man mal intensiv drüber nachdenken!

 Auferstehung

Diese Story ist der Knaller und das i-Tüpfelchen des christlichen (▸ CHRISTENTUM) Glaubens (▸ GLAUBEN): Drei Tage nach seinem Tod am Kreuz (▸ KREUZ) singt Jesus (▸ JESUS): »Hello again!« Medizinische Details dieser sensationellen Reanimation liefert die Bibel (▸ BIBEL) nicht, aber erstens: Das Grab ist leer. Und zweitens: Jesus erscheint in den darauffolgenden Tagen verschiedenen Frauen und Männern – wobei die ihn nicht alle sofort erkennen. Verständlicherweise, das Ganze kam doch recht unvermittelt. Seither zelebrieren Glaubende jedes Jahr an Ostern (▸ OSTERN) ein knalliges Auferstehungsfest und genießen die Zuversicht, dass Gott stärker ist als der Tod. Denn wenn das stimmt, dann besteht eine berechtigte Hoffnung (▸ HOFFNUNG), dass auch unser Ableben nicht das Ende ist; die Auferstehung Jesu als Präzedenzfall für die Auferstehung unserer Seelen (▸ SEELE). Bevor ich's vergesse: Das Comeback Jesu dauerte damals bis Himmelfahrt (▸ HIMMELFAHRT).

B

 Bäffchen ▸ Talar

 Beichte

Dass es funzt, sein Herz auszuschütten, ahnt der übelste Sünder (▸ SÜNDE). Besonders, wenn ihn anschließend jemand tröstet: Es wird alles wieder gut. Weil Jesus (▸ JESUS) seinen Jüngern (▸ JÜNGER) vollmundig versprochen hat: *»Wem ihr die Sünden vergebt, dem sind sie vergeben«* (Joh 20,21), hat die katholische (▸ KATHOLISCH) Kirche (▸ KIRCHE) daraus ein Ritual entwickelt: In der Beichte erzähle ich (mindestens einmal pro Jahr) einem Amtsträger, was bei mir schiefgelaufen ist, und der verkündet dann: »So spreche ich dich los von deinen Sünden.« Das nennt sich: Absolution. Meist gibt es dazu eine absolutistische Wiedergutmachungstask: »Bete fünf Vaterunser« (▸ VATERUNSER) oder »Brich den Weltrekord im Dauersteppen« ... oder so was. Für Katholiken ist die Beichte ein Sakrament (▸ SAKRAMENT), weil Gott seine

Finger im Spiel hat. Der Reformator Martin Luther (▶ LUTHER, MARTIN) dagegen fand: »Beichte ja, aber bitte ohne Zwang.«

Bekenntnis

»Was glaubst du eigentlich, wer du bist?« Gute Frage! Eine, die man am besten mit einem Bekenntnis beantwortet, also einer persönlichen Erklärung, wofür man steht. Als das Christentum (▶ CHRISTENTUM) noch feucht hinter den Ohren war, wollten ständig alle wissen: »Was'n das für'n neuer Trend, dem ihr da nachlauft?« Und weil sich die Glaubenden (▶ GLAUBEN) schon damals darüber gelegentlich ein wenig uneins waren, wurden etwa ab dem Jahr 200 mehrere Bekenntnisse festgelegt. Das Berühmteste ist das »Apostolikum«, das angeblich auf die Apostel (▶ APOSTEL) zurückgeht. Es wird regelmäßig in Gottesdiensten gemurmelt, damit ja niemand vergisst, worum es hier geht. Übrigens: Das lateinische Wort für Bekenntnis, »Credo«, kommt von *cor dare* – »sein Herz an etwas hängen«. Das trifft's besser: Woran hängen wir unser Herz? Und: Wie würde ich's heute formulieren?

Bergpredigt

Hätte Jesus (▶ JESUS) bei seiner wichtigsten Rede in einem Badezuber gesessen, dann hieße sie heute womöglich »Badezuber-Predigt«. Zum Glück stand er aber auf einem Berg. Überliefert ist diese brillante Keynote im Matthäusevangelium (▶ EVANGELIUM; Mt 5–7) und versammelt lauter wegweisende Ideen: Neben Ermutigungen in den soge-nannten »Seligpreisungen« (etwa: *»Selig, die hungern und dürsten nach Gerechtigkeit; denn sie werden gesättigt wer-den«*), finden wir in der Bergpredigt das Vaterunser (▶ VATER-UNSER), viele ethische Hinweise (*»Richtet nicht, auf dass ihr nicht gerichtet werdet«*) und die berühmten »Antithesen«, in denen Jesus deutlich macht, dass es bei den Geboten (▶ GEBOTE) vor allem um Haltungen geht. Etwa: *»Schon wer jemanden beleidigt, tötet etwas in ihm.«* Nach wie vor dis-kutieren kluge Köpfe: Kann man das wirklich umsetzen? Antwort: Einfach probieren!

Bestattung/Beerdigung

Man sollte nicht mit dem Navi zum Friedhof fahren. Denn da heißt es bei der Ankunft oft: »Sie haben ihren Bestimmungs-ort erreicht.« Obwohl: Stimmt ja. Wenn der Körper den Geist aufgibt (oder sollte man lieber sagen: »Wenn der Geist [▶ SEE-LE] den Körper aufgibt«?), dann werden zumindest die sterb-lichen Überreste (im Sarg oder in der Urne) in einem Grab beigesetzt – meist mit einer Zeremonie: der Bestattung oder Beerdigung. Dass schon die Neandertaler (vor 70.000 Jah-ren) ihre Verstorbenen mit Proviant und nützlichen Acces-soires in die Erde gebettet haben, ist ein dezenter Hinweis darauf, dass es seit Längerem die Hoffnung gibt: Eine Be-stattung ist womöglich nur ein Übergang und kein Ende (▶ AUFERSTEHUNG). Dieses Vertrauen (▶ VERTRAUEN) sollte bei jeder Trauerfeier deutlich werden. Nebenbei: Woran merkt man, dass man alt wird? Ganz einfach! Wenn man beim Be-such aufm Friedhof denkt: Lohnt sich der Heimweg?

Beten ▸ Gebet

 Bibel

Sie ist der Weltbestseller schlechthin ... das meistverkaufte Buch auf der Erde, vermutlich sogar in der ganzen Galaxie: die Bibel; die wichtigste Textsammlung der Christenheit (▸ CHRISTENHEIT), die in Wirklichkeit aus rund 70 Büchern besteht (mehr oder weniger, je nach Konfession [▸ KONFESSION]). Darum auch der legendäre Name »Bibel«, von lateinisch: Biblia, die Bücher – bisweilen auch »Buch der Bücher« oder »Heilige Schrift« genannt. Glaubende (▸ GLAUBEN) sind nämlich überzeugt: Weil darin Menschen von bewegenden Erlebnissen mit Gott (▸ GOTT) erzählen, wohnt diesen Geschichten Gottes Kraft inne. Rund 1.000 Jahre hat das Autorenkollektiv daran gearbeitet – von etwa 900 vor bis 150 nach Christus (▸ CHRISTUS). Traditionell wird dabei zwischen den Texten des »Alten« (▸ ALTES TESTAMENT) und des »Neuen Testaments« (▸ NEUES TESTAMENT) unterschieden. Kenner finden aber: Das ist alles göttlich!

 Bischof/Bischöfin

Irgendwie wurde aus dem schönen griechischen Wort *Episkopos* (»Hüter« oder »Beschützer«) unser Begriff »Bischof«. Das war dann in der katholischen (▸ KATHOLISCH) Kirche (▸ KIRCHE) meist ein Wesen mit spitzem Hut, langem Stock und großem Ring (ja, sieht ein bisschen aus wie Gandalf ...), das die geistliche Verantwortung für ein Gebiet oder eine größere Gruppe von Glaubenden (▸ GLAUBEN) hat. Dazu entstand der Brauch: Bischöfe werden nur von Bischöfen geweiht (▸ SAKRAMENT), mit dem erhabenen Gefühl: »Die Kette unserer Bischofseinsetzungen geht kontinuierlich bis zu den Aposteln (▸ APOSTEL) zurück.« Das nennt sich »Apostolische Sukzession« – eine skurrile Bezeichnung, mit der man elegant auf der nächsten Stehparty angeben kann. Protestanten (▸ PROTESTANTISMUS) haben auch Bischöfe, ja, sogar Bischöfinnen – die behaupten aber, dass sie sich nicht ganz so wichtig nehmen. Wer's glaubt, wird selig.

 Buddhismus

Verblüffend: Der Buddhismus ist eine der großen Weltreligionen (▸ RELIGION), glaubt (▸ GLAUBEN) aber gar nicht an einen Gott (▸ GOTT). Na und? Geht auch! Im 6. Jahrhundert vor Christus (▸ CHRISTUS) erkannte ein Sinnsucher namens Siddhartha Gautama in Nordindien, dass die Menschen versuchen sollten, ihr leidvolles und von Begierden getriebenes Dasein zu überwinden. Weil sie nur so dem ewigen Kreislauf des Immer-und-immer-wieder-geboren-Werdens entkommen könnten. Diejenigen, denen dieses Meisterwerk gelingt, erlangen »Erleuchtung« und gehen ins »Nirwana« ein (die ewige Ruhe und Glückseligkeit). So ein »Erleuchteter« wird dann auch »Buddha« genannt – wie Siddhartha. Viele Europäer sind von der Idee eines ständigen Comebacks der Seele fasziniert – übersehen aber meist, dass echte Buddhisten das bescheuert finden und gar nicht erleben wollen.

Buße

Der Mönch Martin Luther (▶ LUTHER, MARTIN), der vor allem durch seine Nagel-Performance in Wittenberg 1517 berühmt wurde (in der er Reformideen für die Kirche [▶ KIRCHE] an eine Tür hämmerte [▶ SACHBESCHÄDIGUNG ;-)]), schrieb: »Da Jesus (▶ JESUS) Christus (▶ CHRISTUS) spricht: ›Tut Buße‹, hat er gewollt, dass das ganze Leben der Gläubigen (▶ GLAUBE) Buße sein soll.« Die damalige Kirche fand: »Fehler kann man auch mit Geld bereinigen«, Luther dagegen war der Meinung: »Nee … man sollte schon erkennen, dass man was falsch gemacht hat.« Buße ist also das Bemühen, seine Ausrutscher wahrzunehmen und in Ordnung zu bringen. Auch vor Gott (▶ GOTT). Weil man sich nur so charakterlich weiterentwickelt. Wobei Buße tatsächlich von »Besserwerden« kommt. Bis heute gilt: Katholiken (▶ KATHOLISCH) haben dabei eher die Wiedergutmachung im Blick, Evangelische (▶ EVANGELISCH) betonen: »Wer echt selbstkritisch ist, dem kann man wohlgemut zurufen: Jesus hat das mit Gott längst in Ordnung gebracht« (▶ KREUZ).

C

☺ **Caritas** ▸ Diakonie

☺ **Christentum**

Schon in der heute türkischen Stadt Antiochia wurden die
Anhänger des wundersamen Influencers Jesus (▸ JESUS)
Christus (▸ CHRISTUS) kurzerhand »Christen« genannt
(Apg 11,26). In den wilden vierziger Jahren des 1. Jahrhunderts muss das gewesen sein. Im Lauf von zwei Jahrtausenden wurde daraus die größte Weltreligion (▸ RELIGION):
das Christentum. Rund 2,3 Milliarden Menschen, ein Drittel
der gesamten Menschheit, gehören aktuell dazu – und das
mit wachsendem Erfolg. Ja: Obwohl die Kirchen (▸ KIRCHE)
im Westen oft über ihr Schrumpfen lamentieren, expan-
diert die Christenheit weltweit schneller als je zuvor. Allerdings darf man nicht vergessen: Das Christentum ist keine
homogene Masse, sondern versammelt eine Vielfalt an
Kirchen, Konfessionen (▸ KONFESSION) und auch Interpreta-

tionen der Bibel (▶ BIBEL). Trotzdem ein irres Gefühl dazuzu-
gehören.

 Christus ▸ **Messias**

D

 Dämonen ▸ Teufel

 Diakonie

Als Jesus (▸ JESUS) gefragt wird, was denn nun die wahren Essentials des Glaubens (▸ GLAUBEN) seien, antwortet er mit dem »Doppelgebot der Liebe« (▸ LIEBE), zwei wirklich epochalen Sätzen. Erstens: *»Du sollst Gott (▸ GOTT) lieben – mit ganzem Herzen, ganzer Seele (▸ SEELE) und all deiner Kraft.«* Zweitens: *»Du sollst deinen Nächsten lieben wie dich selbst.«* (Mt 22,34–40) »Wow«, sagten sich da die frühen Glaubenden, »dann sollten wir alles tun, um anderen zu helfen.« Schon in der allerersten Gemeinde in Jerusalem wurden daraufhin sieben Hauptamtliche eingesetzt, die die praktische »Nächstenliebe« im Blick hatten, die »Diakone« (griechisch *Diakonia*: der Dienst). Es gibt Leute, die sagen:

Wer erlebt, dass er (von Gott) geliebt ist, der kann gar nicht anders, als selbst liebevoll, also diakonisch zu handeln. Bei Evangelischen (▶ EVANGELISCH) heißt dieser Bereich »Diakonie«, bei Katholischen (▶ KATHOLISCH) »Caritas« (vom lateinischen Wort für »hingebungsvolle Liebe«).

Dreifaltigkeit

Gleich zu Beginn des Christentums (▶ CHRISTENTUM) gibt's ein Riesenproblem: »Wenn Jesus (▶ JESUS) der Sohn Gottes (▶ GOTT) ist, dann ist er doch auch göttlich. Oder? Heißt das: Wir glauben jetzt an zwei Götter – obwohl wir immer so stolz waren, dass wir nur an einen glauben?« (Was man »Monotheismus« nennt.) Und was ist mit dem Heiligen Geist (▶ HEILIGER GEIST), diesem ebenfalls himmlischen Zeitgenossen? Voll kompliziert! Mehrere clevere Kerlchen schlugen vor: »Wir sagen einfach: Jesus war nur adoptiert!« Irre Idee! Einigen konnte man sich im Jahr 325. Da wurde nämlich hoch und heilig festgelegt: Vater, Sohn und Heiliger Geist sind verschiedene Ausdrucksformen des gleichen Wesens! Und um es noch abstrakter zu machen, nannte man dieses irrationale Phänomen: »Dreifaltigkeit« – oder »Dreieinigkeit« – oder lateinisch »Trinität«. Vielleicht ist es wie bei H_2O-Molekülen: Die gibt es als Wasser, als Eis und als Dampf. Vielleicht ist es aber auch anders.

E

 Engel

Laut einer Umfrage glauben in Deutschland mehr Menschen an Engel als an Gott (▸ GOTT). Wahnsinn! Stellt sich nur die kleine, aber gemeine Frage: Wer hat diese Engel wohl ausgesandt? Denn das Wort »Engel« stammt vom lateinischen *Angelus* und bedeutet »Bote«. Tatsächlich gibt es in mehreren Religionen (▸ RELIGION) die Idee: So ein Gott kann sich ja nun wirklich nicht um alles selbst kümmern, deshalb hat er eine Art »Hofstaat«, eben die »himmlischen (▸ HIMMEL) Heerscharen« – die gerne pausbäckig und mit knuffigen Flügelchen dargestellt werden. Ja, mancher Engel-Enthusiast ist sogar überzeugt: Ich habe einen persönlichen Schutzengel, der nur dafür da ist, dass ich nicht mit meinem kleinen Zeh gegen eine Schrankecke knalle. Ob es sie gibt, darüber wird leidenschaftlich diskutiert. Auf jeden Fall sind sie eine oftmals süße bildhafte Darstellung der Zusage: Gott ist immer bei uns!

Epiphanias

Epiphanias ist ein christlicher Feiertag – und was für einer! Weil der 6. Januar im Lauf von 2.000 Jahren immer wieder neu belegt wurde, steht er heute für ein echtes Sammelsurium an Anlässen: Bis ins 5. Jahrhundert wurde am 6. Januar die Geburt Jesu (▸ JESUS), also Weihnachten (▸ WEIHNACHTEN) gefeiert. Als die Heilige Nacht dann aus diplomatischen Gründen in den Dezember umzog, feierten die Christen (▸ CHRISTENHEIT) an diesem Tag stattdessen die Ankunft einiger Weisen aus dem Morgenland, die auch unter ihrem Künstlernamen »Die heiligen drei Könige« bekannt sind – obwohl es wohl weder drei noch Heilige noch Könige waren. Und wieder andere Kirchen zelebrieren am 6. Januar die Taufe Jesu. Sei's drum! »Epiphanias« heißt »Erscheinung« – und irgendwie erscheint ja bei all den Festivitäten irgendwas Himmlisches (▸ HIMMEL). Oder erscheint das nur so?

 # Epistel

Weil die ersten Christinnen und Christen (▸ CHRISTENHEIT) finden: »Unser Glaube (▸ GLAUBEN) ist so akkurat – den sollten wirklich alle kennenlernen«, ziehen einige von ihnen mit einer hochmotivierten Marketing-Roadshow durchs Land, um Follower zu bekommen und neue Dependancen zu gründen. Klappt auch überraschend gut. Allerdings: Als die tauf-frischen (▸ TAUFE) Communities (▸ GEMEINDE) dann auf sich gestellt sind, kommen nicht nur eine Menge Fragen auf, es gibt auch immer wieder Querelen. Daraufhin erfinden einige der Missionsprofis ein neues Incentive-Tool: Weiterbildung in Briefform. Besonders der Apostel (▶ APOSTEL) Paulus (▶ PAULUS) verfasst unzählige solcher Briefe, in denen er den Glauben und das Miteinander der Glaubenden erläutert. Viele dieser »Epistel« (griechisch *Epistolae*: Briefe) werden später ins Neue Testament (▶ NEUES TESTAMENT) aufgenommen.

Erlösung

Der Philosoph Friedrich Nietzsche fand: »Sie müssten erlöster aussehen, die Christen (▶ CHRISTENTUM), wenn ich an ihren Erlöser glauben soll.« Recht hat er. Wenn es stimmt, dass Glaube (▶ GLAUBEN) erlösend ist – also befreiend, entlastend, von allen Ketten entbindend –, dann darf man das den Menschen auch ansehen. Wie Erlösung funktioniert? Dafür hat die Theologie ein eigenes Spezialkommando gegründet, die »Soteriologen« (Soteriologie ist griechisch und heißt »die Lehre von der Erlösung«). Und die betonen: Ganz allein bekommt der Mensch das mit dem Glück nicht hin. Sprich: Er ist erlösungsbedürftig. Umso besser, dass Gott (▶ GOTT) schon vor Jesu (▶ JESUS) Geburt prophezeien lässt: Ich werde euch einen Erlöser schicken, der das für euch macht. Christen glauben: Am Kreuz (▶ KREUZ) nimmt Jesus stellvertretend die Sünde (▶ SÜNDE) der Welt auf sich. Dadurch sind wir Menschen erlöst.

Exodus

Eines Tages sieht ein älterer Hirte überraschend ein Busch-feuer. Und aus den Flammen tönt die Stimme Gottes (▶ GOTT): »Hey, Mose, ich bin's! Tu mir einen Gefallen und führe mein versklavtes Volk aus Ägypten in die Freiheit.« Äh? Mose hat keine Ahnung, wer »Ich« ist – und auch kei-nen Bock. Aber nach längerem Hin und Her lässt er sich doch überzeugen und erlebt einen Wahnsinns-Trip. Denn der Pharao will seinen Niedriglohn-Sektor natürlich nicht einfach so gehen lassen. Am Ende kommt es zum Show-down im Roten Meer: Mit göttlichem Beistand können die Israeliten (▶ ISRAEL) da durchjoggen, während die Fluten über ihren Verfolgern zusammenschlagen. Happy End! Na ja, nicht ganz, die Flucht dauert weitere 40 Jahre. Dieser historische Track in die Freiheit (▶ FREIHEIT) heißt »Exodus« (lateinisch: Auszug) und zeigt bis heute: Gott will, dass wir Menschen frei leben können.

 # Eucharistie ▶ Abendmahl

 # Evangelisch ▶ Evangelium

Evangelium

»Eu« heißt auf griechisch »Gut«, »Angellion« heißt »Botschaft«: Zusammen ist das »eine richtig gute Nachricht«. Also: eine frohe Kunde, eine Erfolgsmeldung, ein Hoffnungszeichen. Allgemein ist damit alles gemeint, was Jesus (▸ JESUS) seinen Zeitgenossen von Gott (▸ GOTT) und den himmlischen (▸ HIMMEL) Idealen vorgeschwärmt hat – im engeren Sinne werden damit die Erzählungen von Jesu Leben bezeichnet: »die Evangelien«. Vier davon haben's beim Bibel-Casting in die Endrunde geschafft (Matthäus, Markus, Lukas und Johannes) und stehen im Neuen Testament (▸ NEUES TESTAMENT). Die anderen galten als zu abgedreht und werden heute »Apokryphen« genannt, »die verborgenen Schriften«. Die Evangelisten berichten aus vier Perspektiven von diesem Wanderprediger, der ihr Leben auf den Kopf gestellt hat. Und die Kirchen (▸ KIRCHE), die behaupten, sie würden sich besonders an den Evangelien orientieren, nennen sich dreist: evangelisch.

 # Ewiges Leben

Manche fragen: »Ewigkeit! Ist das wirklich so toll? Könnte es nicht sein, dass die sich ein bisschen zieht – vor allem gegen Ende?« »Auf keinen Fall«, erwidern wahre Jenseits-Freaks. »Wenn man bei Gott (▸ GOTT) ist, dann verlieren Raum und Zeit ihre Bedeutung.« Das Bild vom »Ewigen Leben« steht deshalb für eine einzigartige biblische Zusage: Wer an Gott glaubt, der muss keine Angst mehr vor dem Tod haben. Der bekommt ein VIP-Ticket für die Himmelslounge (▸ HIMMEL). Jesus formuliert das so: *»Amen* (▸ AMEN)*, ich sage euch: Wer dem glaubt, der mich gesandt hat, der hat das ewige Leben; er ist aus dem Tod* (▸ TOD) *ins Leben hinübergegangen.«* (Joh 5,24) Prickelnd ist hier das Präsens: *»Der ist aus dem Tod …«* Fängt das »Ewige Leben« also schon zu Lebzeiten an? Wenn ja, dann geht es nicht nur um eine zukünftige Vision, sondern um eine Party, die längst tobt. Ich bin dabei!

F

 Fasten

Wer eine Diät macht, möchte Kilos loswerden. Wer fastet, der will seine Seele (▶ SEELE) entschlacken. Jahrhundertelang waren die Menschen überzeugt: Wenn man eine Zeit lang auf bestimmte Speisen, Getränke, Drogen, Vergnügungen oder Lieblings-Schimpfwörter verzichtet, dann macht das was mit einem. Man bricht aus gewohnten Mustern aus und sieht die Welt mit neuen Augen: Vermutlich kommt »Fasten« deshalb von dem gotischen Wort für »genau beobachten«. Die Grundidee des Fastens ist also nicht: »Ich will weniger von irgendwas!«, sondern: »Wenn ich anders lebe, habe ich mehr davon.« Auch, weil sich viele Vorbilder der Bibel (▶ BIBEL) mit Fasten auf große Aufgaben vorbereitet haben. Im Christentum (▶ CHRISTENTUM) hat man vor allem vor den Festen wie Ostern (▶ OSTERN) und Weihnachten (▶ WEIHNACHTEN) Fastenzeiten eingeführt. Die Heilige Teresa von Avila war allerdings überzeugt: »Wenn Fasten, dann Fasten, wenn Truthahn, dann Truthahn.« Also: Alles zu seiner Zeit.

Firmung ▸ Konfirmation

 ## Fisch

Der Fisch ist ein kleines, aber feines Symbol für den christlichen (▸ CHRISTUS) Glauben (▸ GLAUBEN). ⤢ Warum? Ganz einfach: Weil die Buchstaben des griechischen Wortes für Fisch, »ΙΧΘΥΣ« (gesprochen: Ichtüs), für die Anfangsbuchstaben eines ganzen Satzes stehen können ... »Ἰησοῦς Χριστός Θεοῦ Υἱός Σωτήρ.« Übersetzt heißt das: »Jesus (▸ JESUS) Christus, Gottes (▸ GOTT) Sohn, (ist der) Erlöser« (▸ MESSIAS) – was wohl eines der ersten Glaubensbekenntnisse der Kirche (▸ KIRCHE) war. Vor allem war das ein Bekenntnis (▸ BEKENNTNIS), das man als Symbol unauffällig in den Sand kritzeln konnte, wenn man herausfinden wollte, ob die oder der andere auch glaubt. Quasi ein Emoji der Antike! Zudem steckt in diesem Icon eine unfassbare Hoffnung: Jesus, der mit fünf Broten und zwei Fischen eine riesige Menschenmenge satt bekam, stillt auch meinen Lebenshunger. (Mk 6,33)

 ## Freiheit

In einem seiner markanten Briefe (▸ EPISTEL) schreibt der Apostel (▸ APOSTEL) Paulus (▸ PAULUS): »*Zur Freiheit hat uns Christus* (▸ CHRISTUS) *befreit. Daran haltet fest und lasst euch nicht wieder gefangen nehmen.*« (Gal 5,1) Tatsächlich ist »Freiheit« einer der substanziellsten Begriffe des Christentums (▶ CHRISTENTUM): Menschen kommen zwar des Öfteren an ihre Grenzen, aber Gott (▶ GOTT) will ihnen helfen, solche Grenzen zu überwinden. Darum hat Jesus (▶ JESUS) lässig verkündet: *»Alles ist möglich dem, der glaubt.«* (Mk 9,23) Und nicht nur das: Wo es nur ging, hat Jesus Menschen befreit – von Krankheiten, von Ängsten (▶ ANGST), von Hass, von Trauer oder von Verzweiflung. Und so, wie Gott das Volk Israel aus der Sklaverei in Ägypten geführt hat (▶ EXODUS), ermutigt er jeden Menschen zu prüfen, wo er nicht frei, sondern unter Druck handelt. Gottes Traum sind Glaubende, die rufen können: »Ich bin so frei!«

Freikirchen

In Deutschland gibt es die beiden großen, offiziellen Glaubensgemeinschaften: die evangelische (▶ EVANGELISCH) und die katholische (▶ KATHOLISCH) Kirche. Tja, und dann gibt es noch die anderen. Die Outlaws. Die Individualisten. Die Sonderlinge. Also die Glaubensgemeinschaften, die irgendwann der Meinung waren, dass ihnen die traditionellen »Tanker des Glaubens« (▶ GLAUBEN) zu schwerfällig, zu hierarchisch, zu liberal, zu altbacken oder schlichtweg nicht spirituell genug waren. Und weil sich diese Gruppierungen von den bisherigen »Kirchenstrukturen« befreit haben, heißen sie »Freikirchen«. Vielleicht aber auch, weil man da *frei*willig dazugehört, von Kirchensteuer (▶ KIRCHENSTEUER) be*frei*t ist – oder weil die Formen oftmals *frei*er sind. Kritiker behaupten allerdings: Nicht überall, wo frei draufsteht, ist auch frei drin. Na, jede und jeder ist frei, das selbst auszuprobieren.

Frieden

Das hebräische Wort *Shalom* ist eine ganze Philosophie, eine Geisteshaltung, eine Weltformel. Und was für eine! Es bedeutet zwar erst mal salopp »Frieden«, meint aber viel mehr als die Abwesenheit von Krieg. *Shalom* ist der Traum von einer Gesellschaft, in der es Menschen rundum gut geht, in der sie ihr Dasein als heil erleben und vor nichts mehr Angst (▸ ANGST) haben müssen. Wahnsinn! Wenn also Jesus (▸ JESUS) euphorisch verkündet: *»Alles, was ich euch sage, soll dazu führen, dass ihr in mir Frieden habt«* (Joh 16,33), dann geht es um einen inneren Frieden – darum, dass jemand mit sich, mit der Welt und mit Gott (▸ GOTT) im Reinen ist. Vor allem aber: Wer diesen beseelten Zustand erreicht, der kommt überhaupt nicht auf die beknackte Idee, anderen mit Waffengewalt oder anderen Formen der Aggression etwas aufzuzwingen. In diesem Sinne: Friede sei mit dir!

 Fürbitten

Wenn man »Beten« (▸ GEBET) und »Nächstenliebe« (▸ NÄCHSTENLIEBE) zusammenschustert, kommen dabei »Fürbitten« raus: Eine oder einer betet nicht für sich selbst, sondern für andere. Coole Idee! Außerdem steht schon im Jakobusbrief die Anregung: *»Betet füreinander, dass ihr gesund werdet.«* (Jak 5,16) Es könnte tatsächlich sein, dass unsere Gesellschaft lebenswerter wäre, wenn viele ihren Mitmenschen regelmäßig ordentlich viel Gutes wünschen würden. Denn das macht auch was mit einem selbst! Und mit dem anderen. Zumindest sind Glaubende (▸ GLAUBEN) überzeugt:

»Wer bittet, der bekommt.« (Joh 15,7) Der Kirche (▸ KIRCHE) sind die Fürbitten so wichtig, dass sie inzwischen in jedem Gottesdienst (▸ GOTTESDIENST) zelebriert werden. Manchen erscheint das ein wenig ritualisiert, vor allem, wenn sie nach jeder Bitte plärren sollen: »Herr, wir bitten dich ... erhöre uns« – oder was ähnlich Lustloses. Aber das Konzept bleibt klasse.

G

🙂 Gebet

Irgendwann stellen Glaubende (▸ GLAUBEN) in fast allen Religionen (▸ RELIGION) überrascht fest: Hey, mit Gott (▸ GOTT) kann man reden! Und wie! Einige erklären sogar mit leuchtenden Augen: Ich habe das Gefühl: Er antwortet auch. Was bedeutet, dass man beim Gebet nicht nur schwätzen, sondern auch zuhören sollte. Wie in jeder guten Beziehung gilt beim Miteinander von Gott und Mensch: Lass uns kommunizieren! Ursprünglich stammt das Wort »Beten« zwar von »Bitten« ab, meint aber nicht, dass Gott eine Wunscherfüllungsmaschine wäre (wie das Sams), der man ab und an einen Wunschzettel präsentiert. Das wäre eine schöne Bescherung. Nein, es geht um Gemeinschaft mit dem Himmel (▸ HIMMEL). Und die darf so innig sein, dass wir Gott entspannt »Abba« nennen dürfen. Was nicht die schwedische Popgruppe meint, sondern die hebräische Variante von »Papa« – ein Tipp von Jesus (▸ JESUS). Paulus (▸ PAULUS) fand sogar, Beten sei eine Lebenseinstellung: *»Betet ohne Unterlass!«* (1 Thess 5,17) Klingt verheißungsvoll!

Gebote

Verrückt ist: In der biblischen (▶ BIBEL) Geschichte von den »Zehn Geboten«, kommt das Wort »Gebot« gar nicht vor. Man könnte deshalb eher sagen: Als Gott (▶ GOTT) den Menschen vor 3.000 Jahren zwei Steintafeln mit Lebenstipps überreichte, da ging es um eine »Gebrauchsanleitung fürs Leben«, um Hinweise darauf, wie man die frisch gewonnene Freiheit (▶ FREIHEIT) nach dem Auszug aus der Sklaverei (▶ EXODUS) bewahren kann. Klar: In einer Peergroup, in der nicht getötet, geklaut, gelogen oder betrogen wird, lebt sich's gelassener. Dummerweise haben Moralisten aus dieser klugen Gebrauchsanleitung im Lauf der Zeit durch unzählige zusätzliche Vorschriften einen grauenhaften Drohkatalog gemacht: »Wenn du dich selbst befriedigst, in einen Club gehst oder sonntags ein Grillfest veranstaltest, kommt du in die Hölle« (▶ HÖLLE). War aber nie so gedacht. Ich vermute eher: Gott freut sich, wenn jemand ausgelassen tanzt.

 Geist ▸ Heiliger Geist

 Gemeinde

In den Landeskirchen (▶ LANDESKIRCHE) gilt das urige Prinzip: Du gehörst zu der Kirchengemeinde, in deren Bezirk du wohnst. Auch, wenn die Pfarrerin (▶ PFARRER/PASTORIN/PRIESTER) in der Nachbargemeinde viel netter ist, alle deine

Kumpels dort im Gospelchor mitrocken oder es dort beim Abendmahl (▶ ABENDMAHL) statt Brot und Wein Chips und Cocktails gibt. Wobei: Man kann sich auch »umgemeinden« lassen (tolles Wort, oder?). Entscheidend ist: Die meisten Menschen, die ihren Glauben (▶ GLAUBEN) mit anderen leben wollen, sind oder werden Mitglied einer Gemeinde, also einer Gemeinschaft, die sich auf lokaler Ebene trifft und die vom deutschen Grundgesetz als Körperschaft öffentlichen Rechts anerkannt ist (diese Info klingt prickelnd, ist aber im Alltag ziemlich nutzlos). In manchen Regionen heißen solche »sakralen Verbindungen« auch Pfarrgemeinde oder Kirchgemeinde.

 ## Gesangbuch

Die Bibel (▶ BIBEL) motiviert: *»Ermutigt euch mit Lobgesängen und geistlichen Liedern und singt Gott (▶ GOTT) in eurem Herzen.«* (Kol 3,16) Das haben sich die Glaubenden zu Herzen genommen und frohlocken und jubilieren seitdem, was die Kehle hergibt. Aber es stimmt ja: Mit Ohrwürmern kann man Dinge ausdrücken, für die Worte allein nicht reichen. Fachleute erwähnen gerne: Auch die Reformation (▶ REFORMATION) wurde vor allem ersungen. Im 16. Jahrhundert konnte kaum jemand lesen, also haben die Anhänger dieser sakralen Erneuerung ihre Überzeugungen wie Fußballfans in den Stadien herausposaunt. 1524 erschien das erste protestantische (▶ PROTESTANTISMUS) Liederbuch, eine Sammlung von Songs zum gemeinsamen Schmettern. Inzwischen gibt's davon Tausende – auch wenn Nörgler behaupten, nicht alles darin sei heute noch charttauglich.

Deshalb ermuntern die Psalmen ausdrücklich: *»Singt dem Herrn ein neues Lied.«* (Ps 96,1)

Gewissen

Wen Gewissensbisse plagen, an dem nagt ein inneres Bewusstsein dafür, was »korrekt« ist. Meist dann, wenn man sich selbst dabei ertappt, dass man was getan hat, was sich irgendwie nicht okay anfühlt. Was genau dieses mysteriöse Gewissen ist und woher es kommt, darüber streiten die klügsten Köpfe sehr gewissenhaft, kommen aber nur zu ungewissen Ergebnissen. Nun, vor allem in der evangelischen (▸ EVANGELISCH) Kirche (▸ KIRCHE) hatte das »Gewissen« eine echte Sternstunde: 1521 stand Martin Luther (▸ LUTHER, MARTIN) vor dem Reichstag in Worms, weigerte sich, seine kirchenkritischen Thesen zu widerrufen und berief sich dabei auf sein Gewissen. Ein Eklat: Das Gewissen einer Person soll wichtiger sein als die Meinung des Kaisers und des Papstes? »So isses!«, erklärte Luther. Fügte aber hinzu: »Es geht um das an die Bibel gebundene Gewissen.« Für ihn hieß das: »Was falsch und richtig ist, kann man bei Gott lernen.«

Glauben

Vermeintlich coole Typen verkünden gerne: Ich glaube nur, was ich sehe. Was totaler Humbug ist. Was hat denn Glauben mit Sehen zu tun? Gar nichts! Wenn überhaupt, stimmt es andersherum: Ich sehe nur, was ich glaube. Andere fürchten, Glauben heißt: nicht genau wissen. Was auch

Nonsens ist. Als müsse man Glauben und Verstand gegeneinander ausspielen. Dabei weiß jeder: Kein Mensch kann dir die Liebe (▸ LIEBE) erklären, aber wenn sie dich packt, dann reißt sie dich mit und verändert dein ganzes Leben. So ist das auch mit dem Glauben – ein Wort, das aus dem Indogermanischen kommt und ... Achtung! ... »liebhaben« bedeutet. Sieh mal an! Wer also glaubt, der hat Gott (▸ GOTT) lieb! Das findet jenseits des Verstehens statt und meint eine Beziehung. Vermutlich steht deshalb auch im Neuen Testament (▸ NEUES TESTAMENT) statt »Glauben« ohnehin meist das Wort »Vertrauen« (▸ VERTRAUEN).

 ## Glaubensbekenntnis ▸ Bekenntnis

 ## Gleichnisse

Viele ärgern sich: Ach, hätte Jesus (▸ JESUS) doch ein anständiges Lehrbuch verfasst. Hat er aber nicht. Bätsch! Statt großer Theorien hat er lieber kurze Geschichten erzählt: Anschauliche, eingängige und inspirierende Stories (▸ VORWORT). Die sogenannten Gleichnisse. Rund 40 davon sind überliefert, und das Starke an ihnen ist: Während Theologen (▸ THEOLOGIE) ständig erörtern, ob irgendwas wohl wahr ist, stellt sich die Frage bei den Gleichnissen gar nicht: Die sind frei erfunden! Trotzdem steckt in ihnen eine unfassbare Wahrheit: Menschen hören sie, identifizieren sich mit den Charakteren und fangen an, ihr Dasein neu zu sehen. Oft geht's in den Gleichnissen um das Reich Gottes

(▶ REICH GOTTES). Und das klingt dann zum Beispiel so: *»Das Reich Gottes ist wie ein Schatz. Einer findet ihn in einem Acker, freut sich total – und verkauft alles, was er besitzt, um diesen Acker zu bekommen.«* (Mt 13,44) Stellt sich sofort die Frage: Wofür würde ich alles hergeben?

 ## Glocken

Jetzt schlägt's dreizehn. Oder fünf vor zwölf. Und was da schlägt, ist nicht Iron Man von den Avengers. Obwohl's bei dem gelegentlich auch was auf die Glocke gibt. Gemeint ist hier aber das gleichnamige Metallding, das laute Töne absondert, wenn es ordentlich geklöppelt wird. Schon von den ersten Mönchen im 4. Jahrhundert heißt es, dass sie Glöckchen am Gewand trugen, um böse Geister und Dämonen (▶ TEUFEL) zu vertreiben. Und als dann die ersten Klöster entstanden, kam ein heller Kopf auf die Idee: »So ein Glöckchen, das wäre doch auch in Groß ganz schnufte. Damit könnte man das Team zum Beten (▶ GEBET) zusammenklingeln.« Worauf ein anderer rief: »Und wenn wir das Gebimmel in einen Turm hängen, hört man's noch besser.« Seitdem gibt es Kirchtürme und Kirchenglocken. Manche ruft das Läuten zum Gottesdienst (▶ GOTTESDIENST), andere weckt es ohne Grund morgens um vier.

 ## Golgatha

Manchmal ist ein guter Titel die beste Voraussetzung für den Erfolg einer Story: »King Kong«, »Der Herr der Ringe«,

52

»Avatar« oder eben »Golgatha«. Golgatha ist aramäisch und bedeutet »Ort der Schädel«, was gerne peppiger mit »Schädelstätte« übersetzt wird. Gemeint ist damit der Platz, an dem Jesus (▸ JESUS) ans Kreuz (▸ KREUZ) geschlagen wurde. Wo exakt dieses mysteriöse Golgatha lag, weiß keiner. Klar ist nur: Gemeint ist eine Stätte in der Nähe des antiken Jerusalems (▸ JERUSALEM) – außerhalb der Stadtmauern. Ob die Stätte so hieß, weil dort regelmäßig Hinrichtungen stattfanden, weil die Felsen dahinter wie ausgebleichte Schädel aussahen oder weil ein Friedhof daneben lag, gilt als ungeklärt. Jedenfalls ist für viele Glaubende (▸ GLAUBEN) der Name »Golgatha« bis heute das Schlüsselwort für alles, was dort vor 2.000 Jahren am Karfreitag (▸ KARFREITAG) Heilvolles passiert ist (▸ ERLÖSUNG).

 ## Gott

Wie soll man Gott erklären? Ein übernatürliches Wesen, das sich weder mit menschlichen Sinnen noch mit Worten fassen lässt? Na, probieren wir's mal! Schon der Dichter-Hero Goethe war der Überzeugung: Es gibt eine Kraft, »die die Welt im Innersten zusammenhält«. Und diese alles durchdringende Kraft nennen wir Gott. Ja, mehr noch ... der größte Teil der Erdbevölkerung ist überzeugt: Gott, das ist nicht nur eine wabernde Energie, das ist eine Persönlichkeit, die mit den Menschen in Kontakt treten möchte. Das heißt: Man kann Gottes Gegenwart erleben und eine Beziehung zu ihm aufbauen, obwohl man seine Existenz niemals rational erklären kann. Der Kirchenvater Augustinus schrieb deshalb launig: »Wenn wir es verstehen, ist es nicht Gott.«

Aber ganz ehrlich: Viele verstehen ihre Partnerin, ihren Partner auch nie ganz – und lieben sie oder ihn trotzdem.

 ## Gottesdienst

Schon die ersten Christen (▸ CHRISTUS) sind überzeugt: Seinen Glauben (▸ GLAUBEN) feiert man am besten zusammen mit anderen. Also: »Lasst uns treffen, gemeinsam abhängen, miteinander singen und essen (▸ ABENDMAHL), uns erzählen, was wir mit Gott (▸ GOTT) erleben, und darauf bauen, dass er mitten unter uns ist.« Bald wurden diese spirituellen Partys spürbar ritualisiert – und heute gibt es viele Elemente, die als feste Bestandteile eines solchen »Gottesdienstes« gelten: Psalm (▸ PSALM), Lieder (▸ KIRCHENMUSIK), Predigt (▸ PREDIGT), Vaterunser (▸ VATERUNSER), Fürbitten (▸ FÜRBITTEN) und Segen (▸ SEGEN). Lange Zeit fand dabei im Altarraum (▸ ALTAR) eine One-Man-Show statt, inzwischen besinnen sich aber viele auf das biblische (▸ BIBEL) Motto: »Wenn ihr zusammenkommt, dann soll jeder was beitragen.« (1 Kor 14,26) Wobei Paulus (▸ PAULUS) ohnehin der Meinung ist: »Das ganze Leben sollte ein Gottesdienst sein.« (Röm 12,1–3) Bei Katholens (▸ KATHOLISCH) heißt das Ding übrigens »Messe«, nach dem Abschiedsruf »Ite! Missa est«. Zu deutsch: »Macht euch fort! Das war's!«

 ## Gnade

Jahrtausendelang waren die Völker überzeugt: Wenn es so was wie einen Gott (▸ GOTT) oder mehrere Götter gibt, dann muss man sie bestimmt gnädig stimmen – etwa, indem man ihnen Opfer bringt (▸ ALTAR). Dahinter steckt das verbreitete Denken: Der tut mir nur dann was Gutes, wenn ich ihm auch was Gutes tue oder mich besonders vorbildlich verhalte. Die Idee der Gnade (germanisch *ganepon*: Gunst) durchbricht dieses kleinkrämerische Denken, das letztlich davon ausgeht, Gott ließe sich kaufen. Lässt er aber nicht! Christinnen und Christen verkünden deshalb in begnadeter Weise: Gott liebt uns, ganz gleich, ob wir es verdienen oder nicht. Das Einzige, was er sich wünscht, ist, dass wir dieses gnädige Geschenk annehmen – und dann selbst gnädiger mit anderen und mit uns selbst sind. Denn seien wir mal ehrlich: Mit mehr Gnade sähe unsere Welt anders aus, nämlich viel besser!

H

 **Halleluja**

»Lasst uns Gott (▸ GOTT) loben!« Das ist die Übersetzung des hebräischen Worts »Halleluja«. Wobei waschechte Bayern eher »Luja, sog i!« rufen. Gemeint ist die begeisterte Aufforderung: Höchste Zeit, mal wieder unserer Freude über Gott Ausdruck zu verleihen. Sprachfanatikerinnen könnte dabei interessieren: Das »Ja« am Ende ist die Kurzform eines der biblischen (▸ BIBEL) Namen Gottes, angelehnt an das Wort für »Leben«. Schon damals hatten offensichtlich manche den Eindruck: Gott ist ein Synonym für echtes Sein. Verständlich, dass in Israel viele ihren Sprösslingen Namen verpassten, die sich darauf beriefen: Ja-kob, Jesa-ja ... und auch Je-sus (▸ JESUS). Dessen Name bedeutet »Gott rettet!«. Ein anderer Kosename Gottes war »El«, was sich in Namen wie »Micha-el« oder »El-ia« oder »Rach-el« wiederfindet. Aber Hallelu-el klingt irgendwie doof. Darum: Halleluja!

Heilige

Das Schöne ist: Wir alle sind Heilige. Ja, auch du und ich! Zumindest, wenn wir überzeugt sind: Gott (▸ GOTT) ist eine coole Socke. Paulus jedenfalls nennt alle Glaubenden (▸ GLAUBEN) »Heilige« (z. B. in 2 Kor 1,1), weil er findet: Wer glaubt, ist so mit Gott verbunden, dass er an dessen Heiligkeit Anteil hat. Ziemlich starke Zusage. Trotzdem wurde in der katholischen (▸ KATHOLISCH) Kirche (▸ KIRCHE) der Titel »heilig« zudem an Menschen verliehen, die sich als Glaubensheldinnen und -helden erwiesen hatten. Anfangs vor allem an solche, die für ihre christliche (▸ CHRISTUS) Überzeugung gestorben waren; die sogenannten Märtyrer. Nun wird seit 500 Jahren in den Kirchen gestritten, ob diese Heiligen selbst angebetet werden dürfen oder nicht. Luther (▸ LUTHER, MARTIN) war total dagegen. Aber mal unter uns Heiligen: Wenn jemand ernsthaft denkt, die Heilige Achahild oder der Heilige Fiacrius könnte bei Gott ein gutes Wort für ihn einlegen – wem schadet's?

Heiliger Geist

Dass wir heute sagen »Da ist jemand echt begeistert!«, hat mit dieser flüchtigen Gesellin zu tun (das hebräische Wort für Geist, »Ruach«, ist weiblich). Die Bibel (▸ BIBEL) verheißt zwar etwas gedämpft: *»Der Geist weht, wo er will«* (Joh 3,8) – zugleich verkündet Jesus (▸ JESUS) aber übermütig: *»Keine Sorge, wenn ich mal nicht mehr leibhaftig unter euch bin, dann schicke ich euch den Geist Gottes«* (▸ GOTT). (Joh 16,13–16) Wie der Geist tickt, merkt man am besten daran, was er bewirkt: Eben noch verzweifelte, traurige und antriebslose Menschen fangen plötzlich an, leidenschaftlich und motiviert von der Schönheit des Glaubens (▶ GLAUBEN) und des Lebens zu schwärmen. So zumindest erzählt es die Geschichte von Pfingsten (▶ PFINGSTEN). Der Heilige Geist ist also eine Art Aufputschmittel ohne Nebenwirkungen – legales Doping für die Seele (▶ SEELE). Wer's einmal erlebt hat, will nicht mehr ohne.

Himmel

Die Engländer haben's gut: Die haben zwei Wörter für Himmel: »Sky« und »Heaven« – das von Wölkchen beflockte Firmament und … die göttliche (▶ GOTT) Sphäre des Jenseits (▶ PARADIES). Bei uns Deutschen heißt alles läppisch »Himmel«. Dazu kommt: Vor allem im Matthäusevangelium (▶ EVANGELIUM) spricht Jesus (▶ JESUS), wenn er von seiner Vision einer von Gottes Liebe durchdrungenen Welt redet, gerne vom »Himmelreich«, also: vom Himmel auf Erden (▶ REICH GOTTES). Was verbindet all diese Vorstellungen? Ganz einfach: Der Himmel ist der Ort, an dem Gott zu Hause ist. Sozusagen ein Synonym für seine Präsenz, die optimale Lebensqualität verspricht – der Grund, warum möglichst viele dahin wollen. Andersherum heißt das zugleich: Da, wo Gott wirkt, ist der Himmel. Was dort – also bei Gott – genau abgeht, davon lässt sich herrlich träumen. Wir wissen nur: Es ist himmlisch!

Himmelfahrt

Nach seiner Auferstehung (▸ AUFERSTEHUNG) lustwandelt Jesus (▸ JESUS) genau 40 Tage durch Israel (▸ ISRAEL), dann findet er: Es wird Zeit, zu Gott (▸ GOTT) zurückzukehren. Was im Neuen Testament (▸ NEUES TESTAMENT) filmreif so beschrieben wird: *»Da wurde er vor ihren Augen emporgehoben, und eine Wolke nahm ihn auf.«* (Apg 1,11) Zum Abheben. Dabei interessierte die Menschen damals gar nicht, ob diese Aktion wie ein Raketenstart auf Cape Canaveral anmutete oder nicht – Reisen zwischen Himmel (▸ HIMMEL) und Erde galten nämlich in der Antike als etwas absolut Normales. Entscheidend ist ... die Wolke. Warum? Weil die ein Symbol für Gott ist – spätestens seit er beim Exodus (▸ EXODUS) seinem Volk als Wolkensäule den Weg gewiesen hatte. Die Geschichte sagt also: Jesus ist wieder bei seinem Vater. Von dort, von der Schaltzentrale aus, kann er sich super um die Menschen kümmern.

 # Hölle

»Wahnsinn – warum schickst du mich in die Hölle? Eiskalt – lässt du meine Seele erfriern!«, sang Wolfgang Petry einst, lag damit allerdings klimatechnisch völlig daneben: Die meisten Kulturen der Welt sind nämlich überzeugt: In der Hölle ist es nicht kalt, sondern kochend heiß. Mit einem aber hat Wolle recht: Die Hölle gilt als Ort der Qual. Deswegen wird sie gerne als Nebenbuhlerin des Himmels (▸ HIMMEL) präsentiert, als Folterkammer Gottes (▸ GOTT) für alle, die auf Erden moralisch »gelost« haben. Perverse Vorstellung! Als hätte Gott es nötig nachzutreten: »Disch mach isch fertig!« Ein Blick in die Geschichte zeigt dann auch: Die Vorstellungen von der Hölle wurden im Lauf der Jahrhunderte immer brutaler. Ursprünglich ging es darum, dass die Seele erst einmal gereinigt wird, bevor sie zu Gott kann. Kein Witz: »Fegefeuer« kommt von »Fegen«, also: Saubermachen. Sauber!

Hochzeit

»Trauung« kommt von Vertrauen (▶ VERTRAUEN). Wenn sich also bei zwei Liebenden (▶ LIEBE) was zusammen-braut, vor allem die Sehnsucht nach einer kontinuierlichen Beziehung, dann werden sie meist Braut und Bräutigam. Dabei herrscht seit Jahrtausenden Konsens: So eine nachhaltige Entscheidung sollte gefeiert werden. Wenn schon lebenslänglich, dann richtig: mit einem Hochzeitsfest! Juristisch wird die Ehe in Deutschland zwar im Standesamt geschlossen, Christinnen und Christen (▶ CHRISTENTUM) sind aber überzeugt: Als Gütesiegel gehört dazu ein zünftiger Segen (▶ SEGEN). Und den gibt's im Traugottesdienst (▶ GOTTESDIENST). Katholiken sind sogar überzeugt: Weil Gott bei der Liebe seine Hand im Spiel hat, ist jede Ehe ein Sakrament (▶ SAKRAMENT). Na, zumindest hat der Dichter Dostojewski verkündet: »Lieben heißt, einen Menschen so sehen zu können, wie Gott ihn gemeint hat.«

Hoffnung

Martin Luther erklärte hingegeben: »Die Worte ›Ich hoffe auf Gott‹ (▸ GOTT) sind eine Zusammenfassung der gesamten christlichen (▸ CHRISTENTUM) Lehre.« Wow! Stimmt aber! Hoffnung kommt sprachlich von »Hüpfen« und meint das mitreißende Vertrauen (▸ VERTRAUEN) darauf, dass am Ende alles gut ausgeht. Gut, hundertprozentig sicher ist es zwar nicht, aber Hoffnung bedeutet: Ich bin so voller Zuversicht, dass mein Optimismus mein ganzes Dasein prägt. Und die Statistik zeigt: Wer vom Leben Gutes erwartet, der erlebt auch mehr davon. Für die Hoffnung gilt deshalb das Gleiche wie für Gott, die Liebe (▸ LIEBE) oder den Glauben (▸ GLAUBEN): Logisch beweisen kann man das alles nicht, aber erleben – Hoffnung tut gut. Paulus wünscht deshalb: *»Der Gott der Hoffnung erfülle euch mit aller Freude und Frieden (▸ FRIEDEN) im Glauben, dass ihr immer reicher werdet an Hoffnung durch die Kraft des Heiligen Geistes (▸ HEILIGER GEIST).«* (Röm 15,13)

Hostie

Der knochentrockene, hauchdünne, geschmacklose, am Gaumen klebende Keks, der in vielen Kirchen beim Abendmahl (▸ ABENDMAHL) gereicht wird, heißt Hostie (lateinisch *hostia*: Opfer oder Vergeltung). Ich finde: Der Name passt! Gottes (▸ GOTT) Rache für lieblose Gottesdienste. Ist aber nicht so gemeint. Der Name spielt darauf an, dass Jesus (▸ JESUS) sich für die Menschen am Kreuz geopfert hat (▸ ERLÖSUNG, ▸ KREUZ). Ursprünglich war das Abendmahl Teil eines Festessens, doch weil die frühen Christen (▸ CHRIS-TENTUM) überzeugt waren, das Brot würde wahrhaftig zum Leib Jesu (▸ TRANSSUBSTANTIATION), musste eine Schnitte her, die nicht krümelt. Sonst hätte ja jemand aus Versehen die heiligen (▸ HEILIGE) Christus-Brösel (▸ MESSIAS) mit Füßen treten können. Aber vielleicht ist Jesus gar nicht so empfindlich. Dann dürfte er auch wieder schmecken.

I

INRI

Im römischen Reich galt die Devise: Wenn wir schon jemanden hinrichten, dann schreiben wir wenigstens dazu, warum. Deshalb hing auch am Kreuz (▸ KREUZ) Jesu (▸ JESUS) ein Schild. Mit der Aufschrift: *Iesus Nazarenus Rex Iudaeorum*. Zu Deutsch: Jesus von Nazareth, der König der Juden, abgekürzt INRI. Für die Römer war das ein Spottschild: »Schaut mal, was wir mit Leuten machen, die derart größenwahnsinnige Machtansprüche stellen!« Für die Vertreter des damaligen Judentums (▸ JUDENTUM) aber war dieser »Kreuzestitel« ein Schlag ins Gesicht. Schließlich hatten sie aller Welt beweisen wollen, dass Jesus gerade nicht der angekündigte »Messias« (▸ MESSIAS) ist. Offensichtlich war beiden Seiten nicht bewusst, dass Jesus ohnehin nicht als politischer Anführer, sondern als spiritueller Lehrer auftrat. Immerhin: Wir können froh sein, dass Jesus nicht Herbert hieß, sonst hätte da nicht INRI gestanden, sondern HENRI.

Islam

Viele sagen ja: »Das Hauptproblem der Kirche heute ist der Islam. Ja, der Pfarrer is la(h)m, der Gottesdienst is la(h)m, die Gemeinde is la(h)m.« Aber Spaß beiseite, in dieser Story geht es um die zweitgrößte Glaubensgemeinschaft der Welt, die mit dem Christentum (▶ CHRISTENTUM) das Alte Testament (▶ ALTES TESTAMENT) gemeinsam verehrt, so dass auch sie als abrahamitische (▶ ABRAHAM) Religion gilt. Allerdings sind Muslima und Muslime überzeugt, dass Gott (▶ GOTT) nach Jesus (▶ JESUS) im 7. Jahrhundert einen weiteren Propheten namens Mohammed geschickt hat, der quasi ein Update des wahren Glaubens auf den Weg brachte. Man könnte auch sagen: Der Islam ist so eine Art Relaunch, in dem Jesus zwar als Prophet, aber nicht als Erlöser verehrt wird. Wahre Fans des Islams halten sich an die sogenannten fünf Säulen des Islams: Sie bekennen, dass Allah (so sein arabischer Name) Gott ist, sie beten regelmäßig, geben Almosen, fasten (▶ FASTEN) und pilgern einmal im Leben in den Geburtsort Mohammeds, nach Mekka. Inschallah!

 Israel

Israel ist wie ein Überraschungsei, nämlich »gleich drei Dinge auf einmal«: ein Mann, ein Volk, ein Staat! Zuerst war »Israel« der von Gott (▶ GOTT) verliehene Spitzname des Stammvaters Jakob, dessen zwölf Kinder aus biblischer (▶ BIBEL) Perspektive die Oberhäupter der zwölf Stämme Israels wurden – und Papas »Nickname« gleich für ihre Familienclique übernahmen. Passte auch: Israel bedeutet schließlich »Gott soll herrschen.« Und wenn schon das Volk so hieß, dann lag es nah, den bald aus diesen Stämmen entstehenden Staat ebenfalls Israel zu nennen. Tatsächlich wurde das Land Israel später immer wieder von fremden Mächten besetzt, im Jahr 70 nach Christus als politischer Staat von den Römern ganz zerstört und regelmäßig umkämpft – auch, weil es eben für Juden (▶ JUDENTUM), Christen (▶ CHRISTENTUM) und Muslime (▶ ISLAM) »Heiliges Land« ist. 1948 wurde dann der moderne Staat Israel gegründet.

Jerusalem

Die Frühgeschichte Israels (▸ ISRAEL) liest sich wie eine Variante von »Game of Thrones«; das kann man in den biblischen (▸ BIBEL) Büchern Könige und Samuel genüsslich nachlesen. Schön ist: Einer der frühen Könige, der sagenumwobene David, beschloss, nicht nur seinen Thron, sondern auch den Thron Gottes (▸ GOTT) auf einen lauschigen Hügel in die judäischen Berge zu verlegen. Rund 1.000 Jahre vor Christi (▸ CHRISTUS) Geburt war das. Und weil Gott damals noch in einem Bretterverschlag (der sogenannten Bundeslade) wohnte, schien es angemessen, ihm in der neuen Königsstadt Jerusalem einen anständigen Tempel zu kredenzen. Was dann auch passierte. Damit wurde die Metropole zum irdischen Refugium Gottes – quasi zur Datsche des Himmels (▸ HIMMEL). Nachvollziehbar, dass Menschen bis heute von der »Heiligen Stadt« sprechen. Übrigens: Die zentrale Erhebung von Jerusalem heißt Zion. Deshalb: »Tochter Zion, freue dich!«

Jesus

Was für eine Story! Ein Engel erscheint dem Teenager Maria (▶ MARIA) und sagt sinngemäß: »Gott (▶ GOTT) möchte gerne Mensch werden, um besser mit den Menschen kommunizieren zu können – und dazu mit dir einen Sohn auf die Welt bringen. Wäre schön, du würdest ihn Jesus nennen.« Maria ist ein bisschen verdutzt, sagt aber: »Okay!« Neun Monate später kommt Jesus (zufälligerweise genau an Weihnachten [▶ WEIHNACHTEN]) in Bethlehem zur Welt. Und der Prophet Johannes (▶ JOHANNES) verkündet lässig: Das ist der angekündigte Retter der Welt, der Messias (▶ MESSIAS). Jesus selbst nennt sich allerdings lieber »Menschensohn« und zieht (etwa 30-jährig) als Wanderprediger durch Israel (▶ ISRAEL). Er beruft Jünger (▶ JÜNGER), heilt Kranke (▶ WUNDER) und schwärmt leidenschaftlich vom Reich Gottes (▶ REICH GOTTES). Was die damaligen Anführer so irritiert, dass sie ihn kurzerhand ans Kreuz (▶ KREUZ) schlagen lassen. Hält aber nur drei Tage. Dann steht Jesus wieder auf (▶ AUFERSTEHUNG).

 # Johannes

Jeder Superstar hat eine Vorgruppe. Jesus (▶ JESUS) auch. Sein »Supporting Act« heißt Johannes und tritt einige Jahre vor Jesus öffentlich auf, um die Menschen auf den verheißenen Messias (▶ MESSIAS) einzustimmen: *»Bereitet dem Herrn (▶ GOTT) den Weg.«* (Mt 3,3) Sein Bühnenoutfit und seine Präsentation galten schon damals als extravagant, weil Johannes am liebsten im Kamelhaarmantel auftrat und dabei lässig Heuschrecken naschte. Aber: Er ist letztlich der Erfinder der christlichen Taufe (▸ TAUFE), denn er lud die Israeliten (▸ ISRAEL) als Zeichen eines Neubeginns mit Gott ein, sich symbolisch reinzuwaschen. Was übrigens auch Jesus in Anspruch nahm. Vermutlich hatte Joe, der Täufer, selbst eine Zeitlang eine Anhängerschar, bis viele davon zu Jesus überliefen. Getreu der Devise: *»Ich taufe euch mit Wasser zur Buße; der aber nach mir kommt, ist stärker denn ich, der wird euch mit dem Heiligen Geist und mit Feuer taufen.«* (Mt 3,11)

 ## Judentum

Eines sollte man nie vergessen: Jesus (▸ JESUS) war Jude – und wollte auch nie was anderes sein. Mehr noch: Er ließ charmant durchblicken, dass genau er der jüdische Messias (▸ MESSIAS) sei, also der lang verheißene Retter dieser Glaubensgemeinschaft. Doch weil die damalige Obrigkeit des Judentums sich von dieser Behauptung so gar nicht beeindrucken ließ, gründeten Jesu Jünger (▸ JÜNGER) kurzerhand eine jüdische Splittergruppe. Eine, die schon bald einen neuen Namen brauchte und sich kurzerhand »Christen« (▸ CHRISTENTUM) nannte. Jesus sah sich also als Vollender des Judentums, dessen Grundlage zum größten Teil die Bücher des Alten Testaments (▸ ALTES TESTAMENT) sind. Er erzählte begeistert von dem Gott, der das Volk Israel (▸ ISRAEL) aus der Gefangenschaft befreit und den Menschen in tiefer Liebe verbunden ist. Übrigens: Einer der wichtigsten Stammesfürsten Israels hieß Juda. Ihm verdankt das Judentum seinen schönen Namen.

Jünger

Sie waren eine der coolsten »Boygroups« der Antike: Die zwölf Jünger, die sich Jesus (▸ JESUS) als Freundeskreis zusammenstellte – gern mit dem entspannten Satz »*Komm und sieh!*« (Joh 1,46), also: »Schau dir mal an, wie cool das ist, wenn man – wie ich – die Welt mit Gottes (▸ GOTT) Augen wahrnimmt.« Da an anderer Stelle in den Evangelien (▸ EVANGELIUM) auch von 70 Aktivisten (Lk 10,1–24) die Rede ist, die mit Jesus zogen (darunter viele Frauen), handelt es sich bei den Jüngern vermutlich um eine Art Inner Circle. Lustigerweise erweisen sich diese zwölf Gesellen (die von vielen als Reenactment der zwölf Stämme Israels [▸ ISRAEL] verstanden werden) aber nicht als extraordinäres Kompetenzteam, sondern als echte Gurkentruppe. Sie zweifeln, prahlen, sündigen (▸ SÜNDE) und irren sich genauso wie wir alle. Passt aber: Denn nach heutigem Verständnis sind all diejenigen, die sich von dem Satz »Komm und sieh!« einladen lassen, Jüngerinnen und Jünger.

 # Jüngstes Gericht

Ein explosives Bild: Am Ende der Zeit gibt's im Rahmen des Weltuntergangs (▸ APOKALYPSE) einen fetten Schauprozess; zu dem jede und jeder vorgeladen wird, der jemals gelebt hat. Insofern könnte sich das Ganze ein bisschen hinziehen. Nach antiker Vorstellung wird dann bei jeder Seele (▸ SEELE) gecheckt, ob sie es verdient, in den Himmel (▸ HIM-MEL) zu kommen oder nicht. Für Christen (▸ CHRISTEN) war allerdings früh klar: Wir müssen vor diesem garstigen Tribunal keine Angst haben, denn uns steht (wenn wir das wünschen) der beste Strafverteidiger aller Zeiten zur Seite: Jesus. (▸ JESUS) Die Gerichtsvision war vor allem ein Ansporn zu entdecken: Es ist nicht egal, wie man lebt. Und zum Glück erzählt Jesus selbst, wie er sich das Verfahren vorstellt: Beim Jüngsten Gericht, sagt er, geht's nicht um fromme Bekenntnisse oder das Einhalten nerviger Regeln, sondern um die Liebe (▸ LIEBE). Wer geliebt hat, für den gilt: Freispruch. Ab ins Paradies!

Jungfrauengeburt

Sigmund Freud, der Psychoanalytiker-Papst (▸ PAPST), hätte seine Freude daran! Seit 2.000 Jahren geilen sich Christinnen und Christen (▸ CHRISTENTUM) an der Frage auf: Hatte Maria (▸ MARIA), die Mutter Jesu, Sex? Ausgelöst durch die uralte Vorstellung, dass besondere Typen auch auf besondere Weise geboren sein mussten. Als wäre eine Befruchtung durch den Heiligen Geist (▸ HEILIGER GEIST) nicht sensationell genug, wird keck erklärt: Maria war bei der Empfängnis Jesu Jungfrau und blieb es bis zu ihrem Tod. Was Fragen aufwirft: Wie lief das biologisch ab? Wo kamen die Geschwister Jesu her? (z.B. Mt 12,46–50) Und wie hat ihr Mann Josef diese frigide Beziehung durchgestanden? Dazu kommt: Die dezente Prophezeiung, die auf eine sexlose Schwängerung hinweist (Jes 7,14), wurde vermutlich falsch übersetzt. Da steht gar nicht »Jungfrau«, sondern »junge Frau«. Andere finden, Maria wäre auch mit Sex toll. Oder fragen: Ist das wirklich so wichtig?

K

🙂 Kanzel

Wenn jemand »abgekanzelt« wird, dann hat ihm in der Regel jemand eine »Gardinenpredigt« (▸ PREDIGT) gehalten. Und das oft von einem erhöhten Logenplatz in der Kirche (▸ KIRCHE). Wobei die Uridee solcher Kanzeln nicht schlecht war: Wenn man diejenigen, die im Gottesdienst (▸ GOTTESDIENST) ständig Worte absondern, auch im letzten Winkel verstehen soll, klappt das von einem Hochbalkon deutlich besser. Jesus (▸ JESUS) hat sich ja für seine fulminanteste Rede auch auf einen Berg gestellt (▸ BERGPREDIGT). Heute haben ziemlich viele Kirchen ziemlich schlecht eingestellte Verstärkeranlagen, so dass es fast egal ist, wo die Pfarrerin oder der Pfarrer (▸ PFARRER/PASTORIN/PRIESTER) steht: Man versteht sie ohnehin nicht. Könnte aber auch an den Inhalten liegen. Da lohnt sich eine Investition. Denn diejenigen, die gut zu verstehen sind, brauchen keinen »Kanzelton« mehr – den Kirchen-Singsang, der früher mal half, sich stimmlich durchzusetzen. Die können sich auch getrost an den »Ambo« stellen: das Pult für die Lesungen.

Karfreitag

Das Wort *Kara* kommt aus dem Althochdeutschen und bedeutet »Kummer«, »Trauer« und »Leiden«. Vielleicht heißt deshalb der schmerzhafte Versuch oberpeinlicher Menschen, bekannte Lieder im Playback zu singen, »Kara-oke«. Na, vielleicht auch nicht. Zumindest hat sich der »Karfreitag« seinen Namen bei den Germanen geholt, weil die früh erkannten: Der Tag, an dem Jesus (▸ JESUS) gelitten hat und am Kreuz (▸ KREUZ) gestorben ist, ist ein Tag der Trauer. Für viele Glaubende (▸ GLAUBEN) ist der Karfreitag trotzdem der höchste Feiertag, weil sie sagen: Das hat Jesus für uns ertragen. Andere denken: Vollendet wird die Erlösung (▸ ERLÖSUNG) erst dadurch, dass Jesus von den Toten wieder auferstanden ist (▸ AUFERSTEHUNG). Der Karfreitag gilt als »Stiller Feiertag«, was unter anderem bedeutet, dass an diesem Tag aus Pietätsgründen nicht getanzt werden soll; nicht mal im Kreuz-Schritt.

Kasualien

Es gibt die sonntäglichen Gottesdienste (▸ GOTTESDIENST) der Standardklasse – und dann gibt es Gottesdienste aufgrund von besonderen Anlässen. Diese extraordinären, sogenannten »Amtshandlungen« heißen nach dem lateinischen Wort für »Fall« (*casus*) Kasualien. Darunter fallen zum Beispiel: Taufen (▸ TAUFE), Beerdigungen (▸ BEERDIGUNG), Hochzeiten (▸ HOCHZEIT), Konfirmationen (▸ KONFIRMATION) oder Firmungen (▸ FIRMUNG). Aber natürlich gibt es auch noch galligere besondere Fälle: Gottesdienste zur Einschulung, zur Amtseinführung oder zur Stilllegung einer Fabrik für sächsische Grützwurst. Oder zur Eröffnung der legendären Dorfkirmes von Großkrotzenburg. Entscheidend ist dabei immer das Bewusstsein: In biografisch bewegenden Momenten ist es gut, wenn Gottes (▸ GOTT) Segen (▸ SEGEN) darüber gesprochen wird. Und manchmal ist das echt nötig: Gefühlte 70 Prozent aller Großkrotzenburger haben ihre späteren Ehepartner auf der Dorfkirmes zum ersten Mal geküsst. Welch ein Schicksal!

Katholisch

Manches war früher einfacher: Es gab nur eine Kirche (▸ KIRCHE), und jeder wusste, was gemeint ist, wenn man »Kirche« sagte. Dann kam die Reformation (▸ REFORMATION), und plötzlich existierten zwei große Glaubensgemeinschaften (▸ GLAUBEN). Und weil die Evangelischen (▸ EVANGELISCH) das Gerücht streuten, sie hielten sich viel mehr an das Evangelium (▸ EVANGELIUM) als die Glaubensantiquare aus dem Vatikan, mussten die Altvorderen was dagegensetzen und erinnerten sich an den schönen Begriff »katholisch« – nach dem griechischen Wort für »allumfassend«. Damit verkündeten sie: Wir Katholiken sind die wahren universellen Christen (▸ CHRISTENTUM) – und alles andere ist nur Pipifax. Was manche »wahre« Katholiken heimlich bis heute denken. Wesentliche Kennzeichen des Katholizismus sind: Er sieht den Papst (▸ PAPST) als Oberhaupt, er betet auch die Heiligen (▸ HEILIGE) an, und er arbeitet im Gottesdienst mit psychoaktiven Substanzen (▸ WEIHRAUCH). Alter!

Kerze

Der erste Satz, der von Gott (▶ GOTT) überliefert wird, lautet: *»Es werde Licht!«* (Gen 1,3) Das Himmlische daran ist: Wenn Gott was sagt, dann passiert es unmittelbar. Scheint ein heller Typ zu sein. Nun, seither gilt in vielen Religionen: Licht (▶ LICHT) ist ein perfektes Symbol für die Gegenwart Gottes. Darum haben Kirchen gerne riesige Fenster – und Glaubende (▶ GLAUBE) zünden immer und überall Kerzen an. Allerdings hat sich im Lauf der Zeit die Symbolsprache deutlich verfeinert: An Ostern (▶ OSTERN) brennt das Licht für die Auferstehung (▶ AUFERSTEHUNG), die Altarkerzen (▶ ALTAR) erinnern daran, dass Jesus (▶ JESUS) erklärt hat, er sei das *»Licht der Welt«* (Joh 8,12) und bei Trauerfeiern (▶ BEERDIGUNG) symbolisiert die Flamme die Seele (▶ SEELE), die im Totenreich weiterleuchtet. Wer die Kraft solcher Flammen unterschätzt, der sei daran erinnert, dass ein DDR-Bonze nach dem Mauerfall verkündete: »Mit allem haben wir gerechnet, nur nicht mit Kerzen und Gebeten« (▶ GEBET).

Kirche

»Kirche« (griechisch *kyrikón*) heißt erst mal ganz schlicht »Gotteshaus« (▶ GOTT). Meint aber nicht nur das üppige Gebäude mit dem spitzen Turm, sondern stellvertretend auch das »Volk Gottes« – ein Bild, das die frühen Christinnen und Christen (▶ CHRISTENTUM) vom Judentum (▶ JUDENTUM) übernahmen. Bevor die »Jesus-Freaks« im 4. Jahrhundert die Chance bekamen, eigene Versammlungsstätten zu errichten (▸ KONSTANTIN), nutzten sie für ihre Gemeinschaft übrigens deren sympathischen Mädchennamen »Ekklesia« – was »die Zusammengerufenen« bedeutet. Toller Name, oder? Wir sind die, die sich von Jesus zusammengerufen fühlen. So ein Miteinander der Berufenen strahlte natürlich aus und sagte zugleich: Auch du bist von Jesus eingeladen, die Liebe Gottes zu erleben und weiterzugeben. Zumindest klingt »Berufene« wesentlich knackiger als »Kirchenmitglieder«.

☺ Kirchenbank

Kirchenbank meint nicht das Finanzinstitut der deutschen Bischöfe (▸ BISCHOF/BISCHÖFIN), sondern ein Sitzmöbel in der Kirche (▸ KIRCHE), das von den Genfer Konventionen als Folterinstrument eingestuft werden müsste. Zumindest sind die Dinger meist steinhart und auf der nach oben offenen Unbequemlichkeitsskala im Bereich »unendlich« angesiedelt. Anscheinend stammt dieses arschäologische Artefakt aus einer Zeit, als Glaube (▸ GLAUBEN) noch keinen Spaß machen durfte. Wobei man wissen muss: Bis ins Hochmittelalter haben die Menschen in Gottesdiensten (▸ GOTTESDIENST) ohnehin immer gestanden. Damals galten also solche Bandscheiben-Zerstörer noch als purer Luxus. Innovative Gemeinden (▸ GEMEINDE) versuchen es heute mit hässlichen Kissen oder (wenn der Denkmalschutz beim Schreddern der Bänke ein Auge zudrückt) mit bequemen Stühlen. Und siehe da: Auf einmal sitzt man da richtig gerne rum.

Kirchenjahr

Weil die Bibel (▶ BIBEL) jubelt: *»Gott, meine Zeit steht in deinen Händen«* (Ps 31,16), leben Glaubende (▶ GLAUBEN) gerne nach ihrer eigenen Zeitrechnung. Oder so ähnlich. Jedenfalls gibt es neben dem Kalenderjahr auch ein Kirchenjahr, das am ersten Advent (▶ ADVENT) beginnt und mit dem Ewigkeitssonntag (▶ EWIGES LEBEN) endet. Wobei sich dahinter ein richtig cleverer Gedanke verbirgt: Wir feiern jedes Jahr einmal das ganze Leben durch. Von der Geburt (Jesu) (▶ JESUS) – auf die ja die Adventszeit hin fiebert – über den Neuanfang (Ostern [▶ OSTERN]) und die Gemeinschaft (Pfingsten [▶ PFINGSTEN]) bis zum Tod (Totensonntag). Nur der Herbst ist öde, weil es da gefühlt 500 Sonntage (▶ SONNTAG) nach Trinitatis gibt, dem Fest der Dreieinigkeit (▶ DREIEINIGKEIT). Na, immer noch besser als Sonntage, die »Quasimodogeniti« heißen (was manche an den »Glöckner von Notre Dame« erinnert). Da zudem die Feste im Jahreskreis unterschiedliche Farben haben (▶ ANTEPENDIEN), ist das Ganze doch eine ziemlich hyggelige Idee.

Kirchenmusik

Martin Luther (▶ LUTHER, MARTIN) fand: »Musik ist eine Gabe Gottes (▶ GOTT), sie vertreibt den Teufel (▶ TEUFEL), macht die Leute fröhlich ... und man vergisst über sie alle Laster.« (Gemeint sind Begierden, keine LKW.) Verständlich, dass die Menschen seit Jahrtausenden ihre Glaubensfreude (▶ GLAUBEN) nicht nur mit Worten, sondern auch mit Tönen zum Ausdruck bringen. Und Psalm 150 (▶ PSALM) meint sogar: *»Lobt Gott mit Posaunen, Zithern, Harfen, Pauken und Pfeifen.«* Zeitgenössische Musiker ergänzen gerne: ... und mit Synthesizer, E-Gitarre, Bass und Schlagzeug. Mit anderen Worten: Neben Kantaten, Chorälen und Orgelmusik (noch immer der Top-Act) darf in der Kirche (▸ KIRCHE) auch gerockt werden. Wichtig ist: Einige der größten Komponisten waren Kirchenmusiker. Johann Sebastian Bach zum Beispiel schrieb unter jedes Musikstück »Soli deo gloria« – »Allein Gott sei die Ehre.« Klingt gut!

Kirchensteuer

Als Anfang des 19. Jahrhunderts Staat und Kirche (▸ KIRCHE), die lange miteinander verwoben waren, voneinander klar getrennt wurden, kam die Frage auf: Ei, wie zahlen wir denn jetzt als Kirche unseren ganzen Klimbim, wenn wir nicht mehr so schön den Zehnten (also zehn Prozent des Verdienstes) der Menschen kassieren dürfen? Da kamen ein paar Schlaumeierinnen (das ist mal geil gegendert) auf die Idee: Der Staat könnte doch für uns eine sakrale Steuer einziehen. Das wäre eine echte Win-win-Situation. Gesagt, getan. Seither gilt: Wer Mitglied der Kirche ist (weil er getauft [▸ TAUFE] und nicht ausgetreten ist), der zahlt Kirchensteuer. Ein Konstrukt, dass es eigentlich nur in Deutschland gibt. Die einen sagen: So kann die Kirche in Ruhe ihre vielfältigen Aufgaben wahrnehmen. Die anderen dagegen sind der Meinung: Wer seine Gemeinde (▸ GEMEINDE) vor Ort direkt unterstützt, der fühlt sich ihr viel mehr verbunden. Mal sehen, wohin das steuert.

Kirchenvorstand

Diejenigen, die eine Gemeinde (▸ GEMEINDE) organisatorisch leiten, heißen »Kirchenvorstand«. Was kein prickelnder Name ist, weil es nach »Stillstand« klingt. Möglicherweise experimentieren deshalb viele Regionen mit anderen Bezeichnungen. Mancherorts heißt das Gremium »Pfarrgemeinderat« – da steckt das Wort »gemein« mit drin. Oder »Presbyterium«. Diejenigen, die da dazugehören, sind dann »Pressbitter«. Wieder andere nennen sich »Älteste« – ein Titel, der den Wandel der Kirchengeschichte verdeutlicht: Jesus (▸ JESUS) hatte Jünger (▸ JÜNGER), wir haben Älteste. Manche Freikirchen nutzen den knackigen Begriff »Gemeinde-Ausschuss«. Da gilt: Nomen est Omen. Wenn etwas »Ausschuss« ist … An sich kümmert sich der Kirchenvorstand vor allem um die geistliche Entwicklung der Gemeinde. Vergisst er nur manchmal. Vor lauter Renovierungsarbeiten.

 ## Kollekte

In der Kirche (▸ KIRCHE) wird wahnsinnig gerne gesammelt: Altkleider, Kuchen, Briefmarken, Spenden oder Seelen (▸ SEELE). Und weil Dinge auf Lateinisch immer würdiger klingen, nennt man die Geldsammlung im Gottesdienst (▸ GOTTESDIENST) elegant »Kollekte« (*colligere*: sammeln). Dazu geben Menschen sogenannte Klingelbeutel – Säcke mit hässlichen Griffen dran – durch die Kirchenbänke (▸ KIRCHENBANK) oder fordern eindringlich dazu auf, am Ausgang etwas in den Opferstock zu werfen – so eine Art mittelalterlicher Säulen-Safe für Mammon. Vorher wird allerdings bekannt gegeben, wem die Kollekte zugutekommt: der eigenen Gemeinde (▸ GEMEINDE), irgendeinem diakonischen Projekt (▸ DIAKONIE) oder speziellen Aufgaben wie der Einrichtung eines Bernsteinzimmers im Pfarrhaus (▸ PFARRER/ PASTORIN/PRIESTER). Eigentlich eine starke Idee: Die, die genug haben, spenden für die, die es nötiger haben.

 ## Konfession

Zu einer Konfession gehören diejenigen, die das gleiche Bekenntnis (▸ BEKENNTNIS) haben (lateinisch *confessio*: Bekenntnis). Vor allem im christlichen (▸ CHRISTENTUM) Bereich unterscheiden sich solche bekennenden Bekannten durch bestimmte Besserwissereien in ihren jeweiligen Lehren. Die Protestanten haben zum Beispiel ihr Verständnis des Glaubens im Augsburger Bekenntnis festgehalten, der »Confessio Augustana«. Offiziell spricht man in Deutschland von drei großen Konfessionen: der römisch-katholischen (▸ KATHOLISCH), der evangelischen (▸ EVANGELISCH) und der orthodoxen, zu der vor allem Kirchen im Osten gehören, zum Beispiel in Russland, Griechenland oder der Ukraine. Lustigerweise ist *Orthos doxa* griechisch und bedeutet »wahrer Glaube« – nur denkt eben jede Konfusion ... äh, Konfession ... von sich, sie sei viel wahrer als die anderen. Einige denken sogar, sie seien am wahrsten! Wahrlich seltsam.

Konfirmation

Wenn dir jemand sagt, dass er dich liebt – dann möchte er normalerweise wissen, ob du seine Liebe (▸ LIEBE) erwiderst. Das ist bei Gott (▸ GOTT) nicht anders. Und weil ein Säugling während der Taufe (▸ TAUFE) noch nicht sprachfähig ist, haben die Protestanten beschlossen: Das »Waterboarding für Babys« sollte später durch eine Antwort des Täuflings bestätigt werden, durch die Konfirmation (▸ EVANGELISCH) bzw. die Firmung (▸ KATHOLISCH) – beides kommt vom lateinischen *confirmare*: bekräftigen. Als Erfinder dieser Performance gilt der Reformator Martin Bucer, der sein Konzept 1539 in der (Achtung!) »Ziegenhainer Kirchenzuchtordnung« veröffentlichte. Das sagt viel. Die Konfirmation oder Firmung selbst ist aber meist eine bewegende Erfahrung! Denn Kirchen (▸ KIRCHE) nehmen Jugendliche schon mit 14 für voll: »Wollt ihr Gottes Ja zu euch mit eurem Ja bekräftigen?« Ist ein bisschen wie eine Hochzeit (▸ HOCHZEIT) zwischen Gott und Mensch: »Willst du, Jenny, den hier anwesenden Gott lieben und ehren ...«

Konstantin

Fast 300 Jahre lang konnte sich das Christentum (▸ CHRISTENTUM) nur konspirativ im Untergrund ausbreiten – weil es verboten war. Doch dann kam er: Flavius Valerius Constantinus. Ein römischer Imperator, der – nachdem er überzeugt war, er hätte eine chancenlose Schlacht gewonnen, weil er auf den Beistand des christlichen Gottes (▸ GOTT) vertraute – entschied: Ab jetzt ist das Christentum eine erlaubte Religion (▶ RELIGION). Im Jahr 313 war das! Eine Zeitenwende! Die »Konstantinische Wende«. Die Glaubenden (▶ GLAUBE), die vorher brutal verfolgt worden waren, durften plötzlich Kirchen (▶ KIRCHE) bauen, Staatsämter übernehmen und öffentlich zu ihrem Christus (▶ CHRISTUS) einladen. Und los ging's! Kritische Geister fragen allerdings: Hat es der Kirche gutgetan, dass sie plötzlich »en vogue« war, also eine Modeerscheinung? »Komm, Karl-Heinz, da mache mir aach mit.« Vorher galt schließlich: Wer Christ wird, der entscheidet sich dafür aus echter Überzeugung – trotz der Gefahr.

Kreuz

Viele erkundigen sich irritiert: Ist ein antikes Folterwerkzeug ein angemessenes Symbol für eine Religion (▶ RELIGION) der Liebe (▶ LIEBE)? Berechtigte Frage. Allerdings lautet einer der bekanntesten Sätze der Bibel: *»So sehr hat Gott die Welt geliebt, dass er seinen einzigen Sohn hingab, damit jeder, der an ihn glaubt, das ewige Leben hat.«* (Joh 3,16) Mit anderen Worten: Dass Jesus (▶ JESUS) am Kreuz qualvoll gestorben ist (▶ GOLGATHA), gilt als Akt der Liebe – und sein Kreuz als Zeichen der Erlösung (▶ ERLÖSUNG). Gut, das ist ein bisschen von hinten durch die Brust ins Auge, aber nachvollziehbar. Später kamen kluge Zeichendeuter noch auf die Idee: Hey, das Kreuz sieht ja aus wie zwei Achsen: die Verbindung zwischen Himmel und Erde ... und die Verbindung zwischen den Menschen. Und beides war Jesus unfassbar wichtig. Andere bekommen allein bei dem Wort »Kreuzfahrt« eine Gänsehaut. Na, die sollen sich mal nicht so hängen lassen.

Kreuzweg

Wenn jemand im Römischen Reich ans Kreuz (▸ KREUZ) geschlagen wurde, dann musste er den Querbalken selbst zum Richtplatz schleppen. Im Fall Jesu (▸ JESUS) bekam dieser üble Gang durch Jerusalem (▸ JERUSALEM) den Mega-Claim »Via dolorosa«, »Weg der Schmerzen«. Masochistisch angehauchte Glaubende (▸ GAUBEN) fanden später: Diesen Leidensweg unseres Heilands sollten wir regelmäßig nachempfinden. Und so gibt es überall auf der Welt (und in fast jeder katholischen Kirche [▸ KIRCHE]) 14 bildhafte Stationen (manchmal auch sieben oder 15 – frag nicht, warum), anhand derer man in den Kreuzweg eintauchen kann; von der Verurteilung Jesu bis zu seinem Tod am Kreuz. Zu den Highlights dieser Selbstkasteiung gehören die Momente, in denen Jesus unter der Last zusammenbricht, der Augenblick, in dem ihm ein Passant mit Migrationshintergrund unter die Arme greift (Simon von Cyrene), und das Wunder, als sich Jesu Gesicht für immer in einem Taschentuch verewigt. Behauptet zumindest Veronika.

 Kreuzzüge

Einer der Tiefpunkte in 2.000 Jahren Kirchengeschichte (▸ KIRCHE) – und ein Beispiel dafür, wie sehr man das Evangelium (▸ EVANGELIUM) falsch interpretieren kann: Ende des 11. Jahrhunderts kamen fanatische Kirchenführer (▸ BISCHOF/ BISCHÖFIN) auf die Idee, die damals von Muslimen (▸ ISLAM) verwalteten Heiligen Stätten in Israel (▸ ISRAEL) müssten befreit werden. Also schickten sie Truppen los, nannten diese Kriege »militärische Spezialoperationen« und zogen jedem Kämpfer ein Lätzchen mit einem fetten Kreuz (▶ KREUZ) an – was zum Namen »Kreuzzüge« führte. Im Rahmen dieser (meist ziemlich erfolglosen) Gemetzel entstand zudem die perverse Ansicht, man könne »Ungläubige« mit roher Gewalt zum christlichen (▶ CHRISTENTUM) Glauben (▶ GLAUBEN) bekehren: »Sag, dass du Gott liebst, oder ich stech dir die Augen aus.« Mit dem Jesus (▶ JESUS), der Menschen für die Schönheit des Glaubens begeistern will, hat das allerdings gar nichts mehr zu tun.

Küster/Küsterin

In jeder Kirche (▶ KIRCHE) gibt es jemanden, der sich um die Ordnung in den Gebäuden und um die Gottesdienstvorbereitung (▶ GOTTESDIENST) kümmert. Diese Wesen haben wohltönende Amtstitel wie: Küster (lateinisch *custos*: Hüter), Kirchwart, Mesner oder Sigrist. Wenn man nicht sicher ist, ob man solch eine Person vor sich hat, dann achte man auf bestimmte Schlüsselsätze, anhand derer man sie sofort erkennt: »Das kann hier so nicht stehen bleiben!« – »Mir hat keiner was gesagt« – »Ich muss noch mal weg« oder »Ich habe Rücken und kann nicht mit anpacken.« Mein persönliches Highlight: »Hätten wir keine Jugendarbeit, hätten wir auch keinen Dreck.« Nach diesen primitiven stereotypen Verunglimpfungen muss eines auf jeden Fall ergänzt werden: Oft sind Küsterinnen und Küster die Seele einer Gemeinde (▶ GEMEINDE), und ohne sie liefe da gar nichts. Wieder versöhnt?

L

😊 Landeskirche

Kurz nach der Reformation (▸REFORMATION) entstand eine putzige Regel: Jeder Landesfürst darf selbst entscheiden, welche Konfession (▸KONFESSION) in seinem Herrschaftsbereich gilt. Für Snobs und Angeberinnen: Lateinisch heißt dieses Prinzip »cuius regio, eius religio« – »wessen Region, dessen Religion« (▸RELIGION). Einige solcher Kirchengebiete wurden dann zur Grundlage der heutigen evangelischen (▸EVANGELISCH) Landeskirchen; also zu regional abgegrenzten Zusammenschlüssen von Gemeinden (▸GEMEINDE). 20 solcher Verbünde gibt es zurzeit in Deutschland, und der Dachverband dieser sakralen Provinzen ist die Evangelische Kirche in Deutschland, kurz: EKD. Bei Katholens heißt diese Struktur ein bisschen anders, da gibt es nämlich 27 Bistümer oder Diözesen, und all diese unterschiedlichen Abgrenzungsversuche machen es kaum leichter, an einem Strang zu ziehen.

Licht

Licht ist eines der strahlenden Symbole des Christentums (▸ CHRISTENTUM). Nicht nur, weil Jesus (▸ JESUS) verkündet hat *»Ich bin das Licht der Welt!«* (Joh 8,12), sondern weil er den Menschen auch übermütig zugerufen hat: *»Ihr Glaubenden* (▸ GLAUBEN)*, ihr seid das Licht der Welt!«* (Mt 5,14) Glaube bringt Licht in die Dunkelheit – und jede und jeder sollte erkennen: Auch ich kann die Welt heller machen. Dieser Gegensatz von Licht und Finsternis zieht sich als Grundmetaphorik quer durch die ganze Bibel (▸ BIBEL), wobei das Licht für das Wahre, Schöne, Gute steht. Es geht also bei Glauben nicht nur darum, ab und an ein Kerzchen (▸ KERZE) anzuzünden, sondern selbst ein Licht zu sein. Oder wie Jesus (▸ JESUS) es in einem Gleichnis (▸ GLEICHNIS) ausdrückt: *»Stell dein Licht nicht unter einen Scheffel* (einen antiken Messbecher), *sondern auf ein Gestell, damit es allen leuchtet.«* (Mt 5,14) Amen (▸ AMEN)!

 # Liebe

Die Beatles sangen hingebungsvoll: *»All you need is love.«* Allerdings: Die Line haben sie von Paulus (▸ PAULUS) gemopst, der schon im Neuen Testament (▸ NEUES TESTAMENT) schrieb: *»Letztlich kommt es im Leben nur auf drei Dinge an: Glaube* (▸ GLAUBEN)*, Hoffnung* (▸ HOFFNUNG) *und Liebe. Doch die Liebe ist das Entscheidende.«* (1 Kor 13,13) Spannend! Wenn die Schlüsselfrage des Menschen lautet »Liebe ich, und werde ich geliebt?«, dann passt es perfekt, dass es an anderer Stelle in der Bibel (▸ BIBEL) heißt: *»Gott ist die*

Liebe« (1 Joh 4,16), also die Quelle dessen, was ich brauche, um glücklich zu werden. Deshalb betont auch Jesus (▸ JESUS) so gerne, dass derjenige am besten lieben kann, der erkennt, dass er selbst von Gott (▸ GOTT) geliebt ist. Und noch etwas verbindet Gott und die Liebe: Beides kann man nicht beweisen. Aber wer schon mal über beide Ohren verliebt war, der weiß: Liebe gibt es. Und wie!

Liturgie

Böse Zungen behaupten: Die Worte »Liturgie« und »Lethargie« hätten den gleichen Wortstamm. Sprachwissenschaftlich ist das Mumpitz, inhaltlich oft erschreckend wahr. Es geht nämlich um die Abläufe und Elemente des Gottesdienstes (▸ GOTTESDIENST), deren Grundstrukturen meist aus dem Mittelalter stammen. Eigentlich bedeutet »Liturgie« »öffentlicher Dienst« (griechisch *leitourgia*), was man sinngemäß auch mit »Moderation« übersetzen könnte. Ein Liturg ist also eine Person, die mich gekonnt durch einen Gottesdienst leitet. Das heißt aber auch: Wenn ich mich als Gast in einer Liturgie völlig verloren fühle, dann macht da jemand einen verdammt schlechten Job. Dabei stecken hinter den Elementen richtig tolle Ideen: Menschen kommen an, werden Teil der Gemeinschaft, legen ab, was sie belastet, und werden gesegnet (▸ SEGEN). Toll! Merkt man halt nicht immer.

Losung

Damit ist hier keineswegs die fäkale Hinterlassenschaft wilder Tiere gemeint, sondern ein Vers aus der Bibel (▸ BIBEL), der wie ein geistliches Motto über dem Tag liegt. Man kann sich das vorstellen wie einen täglichen Glückskeks ohne Keks. Oder: ein sakrales Horoskop ohne Sterne. Initiator dieses »Uni-*Vers*ums« war Nikolaus Ludwig Graf von Zinzendorf, der 1728 fand, es wäre doch hübsch, Glaubenden (▸ GLAUBEN) für jeden Wochentag einen anregenden Satz mit auf den Weg zu geben. Und die Idee erwies sich als echter Knaller: Heute lesen Millionen von Menschen allmorgendlich die Herrnhuter Losungen (in über 60 Sprachen), die von der Herrnhuter Brüdergemeine, einer christlichen (▸ CHRISTENTUM) Gemeinschaft, ausgelost werden. So lerne ich jeden Tag ein Bibel-Verslein kennen – und stelle gelegentlich fest: Das passt ja perfekt zu meiner momentanen Gemütslage.

Luther, Martin

Jede der großen Konfessionen (▸ KONFESSION) hat ihren heiligen Martin. Der heilige Martin (▸ MARTIN, ST.) der Katholiken (▸ KATHOLISCH) hat seinen Mantel geteilt, der heilige Martin der Protestanten (▸ PROTESTANTEN) die Kirche. Dabei wollte er das gar nicht. Der Mönch und Professor Martin

Luther (1483–1546) fand nur, dass sich manches in der Kirche in eine falsche Richtung entwickelt. Also nagelte er 1517 einige ... sagen wir: kritische ... Thesen in Wittenberg an eine Kirchentür. Da ging aber die Post ab! Vor allem, weil er erklärte, die Kirche (▸ KIRCHE) solle sich nicht so aufplustern, Gottesdienste endlich verständlich feiern und Gottes (▸ GOTT) befreiende Gnade (▸ GNADE) wichtiger nehmen als gute Taten. Am Ende entstand die Evangelische (▸ EVANGELISCH) Kirche. Nicht nur bei seiner Übersetzung der Bibel (▸ BIBEL) ins Deutsche erwies sich der Reformator (▸ REFORMATION) zudem als großer Rhetoriker. Durch Sätze wie: »Aus einem traurigen Arsch kommt kein fröhlicher Furz.« Was theologisch absolut korrekt ist.

M

 Maria

Eines Tages machen die frühen Christen (▸ CHRISTENHEIT) eine verwirrende Entdeckung: Wir sagen ständig »der Gott« (▸ GOTT), »der Christus« (▸ CHRISTUS), »der Geist« (▸ HEILIGER GEIST). Ist das nicht total testosteronbelastet und gender-unfair? Vor allem in einer Umwelt, in der es so attraktive Göttinnen wie Athene und Aphrodite gibt. Eine weibliche Ikone für das Christentum (▸ CHRISTENTUM) musste her. Und wer war da besser geeignet als Maria, die Mutter Jesu (▸ JESUS), die so glaubensfroh (▸ GLAUBEN) bereit gewesen war, sich Gott als Leihmutter zur Verfügung zu stellen? Gesagt, getan! Fortan wurde Maria wie eine kleine Göttin behandelt: Natürlich war sie sündenfrei (▸ SÜNDE), jungfräulich (▸ JUNGFRAUENGEBURT) und hatte einen VIP-Zugang zum Himmel (▸ HIMMELFAHRT). Bedauerlicherweise wurde das Weibliche in Maria dabei derart überhöht, dass normale Frauen immer weniger zu melden hatten. Ändert sich aber gerade. Wenn auch langsam.

Martin, St.

Eigentlich ist es bescheuert: Wenn man einen Mantel mit dem Schwert in der Mitte durchhaut, dann rutschen beide Hälften ständig runter. Trotzdem wird der Heilige (▶ HEILIGE) Martin für just diese Tat auf der ganzen Welt verehrt. Gut, es zählt die Geste! Anfang des 4. Jahrhunderts soll das gewesen sein: Da sieht der römische Soldat Martin am Straßenrand einen halb bzw. fast ganz erfrorenen Bettler. Schwupps, zückt er seine Waffe, wirft dem Tiefgekühlten den einarmigen Stofffetzen zu und rettet ihm damit das Leben. Wahre Nächstenliebe (▶ NÄCHSTENLIEBE). Später wird er unfreiwillig Bischof (▶ BISCHOF/BISCHÖFIN) von Tours, weil Gänse sein Versteck verraten (was die Viecher bis heute büßen müssen). Warum an Martins Gedenktag, dem 11. November, Horden von Kindern mit Laternen umherziehen, weiß keine Sau. Vielleicht, weil sein Leichnam mit Fackeln überführt wurde. Vielleicht aber auch nicht.

 ## Messbuch ▶ Agende

 ## Messe ▶ Gottesdienst

Messias

Die griechische Übersetzung des hebräischen Ehrentitels »Messias« lautet »Christus« (▶ CHRISTUS). Ha! Da haben wir's. Beides bedeutet »der Gesalbte«, der mit kostbarer Salbe Eingecremte – was ein antikes Styling-Ritual zur Inthronisation von Herrschern war. Bei der biblischen Messias-Vorstellung kommt hinzu: Jahrhundertelang lebten die Israeliten (▶ ISRAEL) von der Vision, das Gott eines Tages seinen Messias schickt, um ihr Land von allen Besatzern zu befreien und ein Reich des Friedens zu gründen. Dann kam Jesus (▶ Jesus) und sagte: »Hallo! Ich bin's!« Nur interessierte er sich wenig für Politik und ganz viel für Liebe (▶ LIEBE). All diejenigen, die gerade deshalb überzeugt waren, dass Jesus der Christus ist – aha! »Jesus Christus« ist also kein Name wie »Harald Töpfer«, sondern gleich ein ganzer Satz: »Jesus ist der Messias« –, gründeten das Christentum. Und für alle, die so 'ne Salbung gerne mal nachspielen wollen: Einfach Myrrhe, Weihrauch (▶ WEIHRAUCH), Zimt, Kalmus und Cassia in Olivenöl auflösen. Duftet herrlich!

 # Ministrant/Ministrantin

Gottesdienst (▶ GOTTESDIENST) als Solo-Performance? Kommt nicht gut. Darum hat die katholische (▶ KATHOLISCH) Kirche (▶ KIRCHE) den Priestern (▶ PFARRER/PASTORIN/PRIESTER) schon früh ein Heer von Minions an die Seite gestellt: die Messdiener oder Ministrantinnen (lateinisch *ministrare*: dienen). Diese dienstbaren Geister unterstützen den Liturgen

(▸ LITURGIE) bei seinen Aufgaben. Zum Beispiel helfen sie ihm beim Händewaschen – was er wohl nicht allein kann. Aber unter uns: So eine sakrale Eingreiftruppe sieht schon echt korrekt aus. Fiese Ministranten lieben es, ihren Priester zu ärgern: Etwa, indem sie den Abendmahlskelch (▸ ABENDMAHL) bis zum Rand mit Wein füllen (denn der muss ausgetrunken werden). Oder indem sie neben die Oblaten (▸ HOSTIE) Gummibärchen legen und dann diskutieren, ob die sich ebenfalls in den Leib Christ verwandelt haben (▸ TRANSSUBSTANTIATION). Scheint ein lustiger Haufen zu sein.

 Mission

»Mission heißt zeigen, wer man ist und was man liebt«, sagt der kluge Theologe Fulbert Steffensky. Klar: Wenn ich einen Film, ein Buch, einen Song oder eine Idee stark finde, dann rufe ich meine Freunde an und sage: »Hey, das solltet ihr nicht verpassen.« Genauso normal sollte es sein, zu sagen: »Wow, mein Glaube (▸ GLAUBEN) tut mir richtig gut. Kann ich nur weiterempfehlen.« Das ist Mission (lateinisch *missio*: Sendung). Gott (▸ GOTT) hat Jesus (▸ JESUS) zu den Menschen gesandt, und der hat den Staffelstab an die Menschen weitergegeben: *»Geht hin in alle Welt und verkündet das Evangelium«* (▸ EVANGELIUM). (Mt 28,19) Bedauerlicherweise ist der Begriff »Mission« in Verruf geraten, weil übereifrige Missionare ihren Einsatz bisweilen eher als Kreuzzug (▸ KREUZZÜGE) verstanden haben. Das sollte aber niemanden davon abhalten, von der Schönheit des Glaubens zu schwärmen.

Mose ▸ Exodus

 Mystik

Vieles beim Glauben (▸ GLAUBEN) lässt sich erklären. Aber vieles auch nicht. So ist es nun mal: Weil wir Gott (▸ GOTT) nicht mit unseren fünf Sinnen begreifen können, bleibt er »geheimnisvoll« – was die Übersetzung des griechischen Wortes »mystisch« ist. Trotzdem haben im Laufe der Geschichte mystische Menschen immer wieder erklärt: Wir können Gott nicht mit Logik erfassen, aber wir können ihn erleben. Und das am besten dadurch, dass wir uns ganz auf ihn konzentrieren: durch Hingabe, Askese, Versenkung oder Meditation. Extreme Mystiker sind sogar der Ansicht: In jedem von uns wohnt ein göttlicher Funke – und wenn wir den spirituell anfeuern, können wir uns mit Gott vereinen. Klingt ein wenig strange. Macht aber nichts! Schließlich heißt es im Neuen Testament (▸ NEUES TESTAMENT): *»Wisst ihr nicht, dass ihr Gottes Tempel seid und der Geist Gottes in euch wohnt?«* (1 Kor 3,16) Höchste Zeit, unseren geheimnisvollen Mitbewohner mal wieder zum Frühstück einzuladen.

N

😊 Nächstenliebe

Viele Jugendliche denken ja, »Nächstenliebe« sei die Kurzform von »Wenn's mit der einen Liebe nicht klappt, dann bestimmt mit der nächsten.« Irrtum! Nächstenliebe meint die Fürsorge für andere (▸ DIAKONIE). Jesus (▸ JESUS) predigt sogar beseelt, dass er bei echter Hilfsbereitschaft auf wundersame Weise selbst mit im Spiel sei: *»Was ihr einem meiner geringsten Brüder getan habt, das habt ihr mir getan.«* (Mt 25,40) Dafür hebt er die Latte für die Nächstenliebe allerdings noch ein bisschen an: *»Seine Freunde lieben: Das tun selbst die letzten Pappnasen. Von euch wünsche ich mir, dass ihr auch eure Feinde liebt.«* (frei übersetzt nach Mt 5,43–48) Hossa! Obwohl: Wenn alle Feinde einander lieben würden, könnte sich echt was ändern. Dass wahre Liebe eine Haltung und kein Regelwerk ist, wusste übrigens schon der Kirchenvater Augustinus. Er sagte: »Liebe und tu, was du willst.« Stark!

Neues Testament

Dieses Testament legt nicht fest, wer den Biedermeier-Sekretär mit den Schlumpf-Intarsien von Oma letztlich erbt, es ist eine Zusammenstellung von 27 Schriften, in denen die Geschichte von Jesus (▶ JESUS) und seinen ersten Followern (▶ JÜNGER) rund ums Mittelmeer erzählt wird. Das sperrige Wort »Testament« meint hier »Bund«, weil Christinnen und Christen (▶ CHRISTENHEIT) überzeugt sind: Gott (▶ GOTT) geht mit den Menschen einen heiligen Bund ein. Kleine Randbemerkung: Deshalb hieß das Neue Testament eine Zeit lang auch »die neue Ehe«. Witzig, oder? Neben den vier Evangelien (▶ EVANGELIUM) findet man im NT (sprich: Enté), wie Kennerinnen sagen, die Geschichte der Apostel (▶ APOSTEL), 21 Briefe (▶ EPISTEL) an Gemeinden (▶ GEMEINDE) und eine schrille Vision der Apokalypse (▶ APOKALYPSE, ▶ OFFENBARUNG). Zu Papyrus gebracht wurde das alles zwischen 50 und 120 nach Christus (▶ CHRISTUS).

 Nikolaus

Der dickliche rote Mann mit Rauschebart, der seit einiger Zeit im Coca-Cola-Look auftritt, ist vermutlich eine der legendärsten Gestalten des Christentums (▶ CHRISTENTUM): Immer am 6. Dezember erhoffen sich Kinder und kindliche Gemüter, dass ihnen der Heilige (▶ HEILIGE) Nikolaus die Stiefel mit Leckereien, Euros oder neuen Handys füllt. Auslöser für diese Knobelbecher-Orgie ist ein Bischof (▶ BISCHOF/BISCHÖFIN) aus Myra, der im 3. Jahrhundert legendär wurde – eben, weil er ein einzigartiger Schenker war. Und nicht nur das: Niko soll zum Beispiel einem prekären Vater, der kurz davor war, seine Töchter zu verscherbeln, einen fetten Goldklumpen durch den Kamin geschmissen haben. Ein Grund, warum in vielen Ländern raffgierige Abstauber ihre Stinkstiefel genau da aufstellen. In punkto Nächstenliebe (▶ NÄCHSTENLIEBE) bleibt Nikolaus jedenfalls ein echter Guru.

O

🙂 Ökumene

Wie grotesk ist es, wenn diejenigen, die ständig von Nächstenliebe (▸ NÄCHSTENLIEBE) reden, sich ständig von anderen abgrenzen? So wie die christlichen Konfessionen (▸ KONFESSION), die allzu lange (jede für sich) meinten, nur sie hätten die Weisheit mit Löffeln gefressen ... und alle anderen wären Ketzer und dazu verdammt, als menschlicher Spießbraten in der Hölle (▸ HÖLLE) zu enden. Dieser perverse Zustand hat einige Glaubende (▸ GLAUBEN) so schockiert, dass sie Anfang des 20. Jahrhunderts beschlossen: Wir wollen dafür sorgen, dass die Konfessionen endlich kapieren: Wir müssen zusammenhalten. Dieser mutige Prozess nennt sich Ökumene (griechisch *oikoumene*: die ganze Erde umfassend). Tatsächlich gibt es inzwischen ökumenische Gottesdienste (▸ GOTTESDIENST), Gemeindefeste (▸ GEMEINDE) und Arbeitskreise. Manche fragen trotzdem noch: Darf ein evangelischer Mann eine katholische Frau küssen? Ich hab's probiert. Funktioniert hervorragend!

Offenbarung

In dieser Story gibt es eine echte Offenbarung, also eine »Enthüllung göttlicher (▸ GOTT) Wahrheiten«: Wenn die Bibel (▸ BIBEL) recht hat, dann kommt Jesus (▸ JESUS) irgendwann zurück auf die Erde. Nur wann? Entscheidend ist: So, wie sich Gott im Lauf der Geschichte seinem Volk (▸ ISRAEL) immer wieder offenbart hat, gibt es die Prophezeiung, dass er das wieder tun wird – nach dem Terminator-Slogan: »I'll be back!« Und weil das letzte Buch des Neuen Testaments (▸ NEUES TESTAMENT) pausenlos von diesem göttlichen Sequel plaudert, wurde es gleich als Ganzes »Offenbarung« genannt. Es gibt aber auch Leute, die, was dieses Thema angeht, insgesamt profaner daherkommen: Die sagen sogar nach einem fantastischen Konzert für Orgel (▸ ORGEL), Kazoo und Waschmaschine, einem perfekten Abendessen mit neun lakto-vegetarischen Gängen oder einer Fußsohlen-akupunktur: »Also, das war wirklich eine Offenbarung.« Ist halt alles Geschmacksache.

 ## Orgel ▸ Kirchenmusik

 ## Ostern

An Ostern ruft der Liturg (▸ LITURGIE) leidenschaftlich in die Menschenmenge: »Christus (▸ CHRISTUS) ist auferstanden!« (▸ AUFERSTEHUNG). Und wenn die Anwesenden kirchlich (▸ KIR-CHE) sozialisiert sind, dann antworten sie nicht: »Und wenn er kommt, dann laufen wir!«, sondern »Er ist wahrhaftig auferstanden!« Und das gleich dreimal hintereinander. Immer lauter und begeisterter. Dieser unbändige Freudenschrei bringt den Anlass für Ostern auf den Punkt: Das Christentum (▸ CHRISTENTUM) feiert, dass der am Kreuz (▸ KREUZ) gestorbene Jesus nach drei Tagen wieder von den Toten zurückgekehrt ist. Denn das heißt nicht nur: »Das Leben siegt über den Tod«, sondern zugleich: »Auch das, was sich in uns abgestorben anfühlt, kann neu zum Leben erwachen.« Und weil dieses Happening während des jüdischen (▸ JUDENTUM) Passahfestes stattfand, ist der Termin im Frühling, dann, wenn auch die Natur nach dem Winter aufblüht. Bunt und farbenfroh. Geschickt getimt.

P

🙂 Papst

Alles fing mit drei zweisilbigen Worten an: »Weide meine Schafe!« Gemeint sind keine Lämmer, sondern lammfromme Christenwesen. Den Satz sagt Jesus (▸ JESUS) motivierend zu seinem Chef-Jünger (▸ JÜNGER) Petrus, der sich zwar als ziemliche Pfeife erwiesen hat, aber trotzdem den Job als Glaubens-CEO (▸ GLAUBEN) bekommt. Laut Überlieferung wird Petrus der erste Bischof von Rom. Und plötzlich entsteht die verführerische Vorstellung: So einen Oberhirten, so einen »Dauer-Petrus«, eben einen Papst, den soll es ab jetzt immer geben. Deklamieren zumindest Katholiken (▸ KATHOLISCH). Und wie bei vielen sakralen Dingen wurde das Amt im Lauf der Zeit immer mehr verklärt. Zum Beispiel kann nur der »Heilige Vater«, der »Pontifex Maximus«, Menschen heilig (▸ HEILIGE) sprechen – und unter bestimmten Umständen gelten seine Aussagen als unfehlbar. Hat was! Egal, was ich sage: Das ist wahr. Einige lieben den Papst abgöttisch, andere finden, er stehe der Ökumene (▸ ÖKUMENE) ziemlich im Weg.

Paradies

Wenn man der biblischen (▸ BIBEL) Überlieferung vertraut, dann lebten die ersten Menschen im Paradies, einem rundherum perfekten Garten-Idyll, in dem alle nackt herumlaufen konnten. So eine Art FKK-Domizil. Gut, es waren auch nur zwei Leute da: Adam und Eva. Leider missachteten die beiden Prototypen die überschaubare Hausordnung Gottes (▸ GOTT) – einzige Regel: »Von meinem Lieblingsobstbaum wird nicht genascht!« – und bekamen eine sofortige Kündigung. Doch die Sehnsucht nach dem himmlischen Schlaraffenland blieb so groß, dass viele inzwischen überzeugt sind: Wenn ich mal den Löffel abgebe, dann wird Gott dort am Gartentor auf mich warten. Schöne Vorstellung. Da selbst Jesus (▸ JESUS) noch am Kreuz (▸ KREUZ) einem reumütigen Mitverurteilten zuruft: *»Heute wirst du mit mir im Paradiese sein«* (Lk 23,43), könnte da was dran sein. Ich hoffe: Wir sehn uns!

Paramente

Im Gottesdienst (▸ GOTTESDIENST) gibt's schon immer guten Stoff. Einiges zum Schnüffeln (▸ WEIHRAUCH) und einiges zum Anschauen: Die in der Liturgie (▸ LITURGIE) verwendeten Textilien nennt man Paramente (lateinisch *parare*: vorbereiten), weil sie bei den Ritualen benutzt werden. Zu den Paramenten gehören die Schmuck-Klamotten des Priesters (▸ PFARRER/PASTORIN/PRIESTER) – mit so hippen Namen wie Kasel, Manipel oder Tunicella (kann man sofort wieder vergessen) –, aber auch die Gewandung des Altars (▶ ALTAR) und die Montur der Abendmahlsgeräte (▶ ABENDMAHL). Ja, die werden angezogen. Und zwar richtig schick. Zum Beispiel mit Kelchwäsche. (Ist das nicht ein frivoles Wort?) Ein Speisekelch mit Niveau, der was auf sich hält, braucht auf jeden Fall ein Ziboriumvelum, eine Art Schleier, den man lüftet, wenn die gewandelten Oblaten (▶ HOSTIE) zum Verkosten freigegeben werden (▶ TRANSSUBSTANTIATION).

 ## Passion

Passion heißt »Leiden« … und »Leidenschaft«. Erstaunlich! Einige behaupten allerdings: Das gehört eh zusammen. Wenn ich für etwas eine Leidenschaft empfinde, dann bin ich auch bereit, dafür zu leiden. In christlichen (▶ CHRISTENTUM) Gruppierungen ist mit »Passion« bedauerlicher Weise viel zu selten eine brennende Begeisterung gemeint, sondern fast immer das Leiden Jesu (▶ JESUS), das wiederum mit Gottes (▶ GOTT) unbändiger Leidenschaft für den Menschen zu tun hat (▶ ERLÖSUNG). Dass Jesus – so die theologische Erläuterung – für jede und jeden von uns gefoltert und hingerichtet wurde (▶ KREUZ), ist Grund genug, ins Grübeln zu kommen. Dafür gibt es unter anderem die Passionszeit – eine Fastenzeit (▶ FASTEN) vor Ostern (▶ OSTERN), in der sich Glaubende intensiv in diese Horrorgeschichte hineinfühlen – um zu erkennen: Das war echte Hingabe!

Pate/Patin

»Der Pate« ist ein ziemlich scharfer Gangster-Film aus dem Jahr 1972 – und heißt so, weil Mafiabosse in Sizilien zärtlich »Paten« genannt werden. Möglicherweise, weil sie sich so liebevoll um die ihnen anvertrauten Familienmitglieder kümmern. Das zumindest wäre auch der Job einer kirchlichen (▶ KIRCHE) Patin bzw. eines Paten, die sich bereit erklären, einem noch nicht religionsmündigen (also noch nicht 14-jährigen) Täufling bei der Taufe (▶ TAUFE) zur Seite zu stehen und ihn zu unterstützen, wenn er sich später selbst auf die Suche nach Gott (▶ GOTT) macht. Paten sollten selbst Kirchenmitglieder sein – und werden meist von den Eltern ausgesucht. Nebenbei: »Pate« ist die famose Abkürzung von *pater spiritualis* (lateinisch = geistlicher Vater), so dass die weibliche Form davon eigentlich »Mate« heißen müsste. Der Name war aber schon für ein widerwärtiges Aufgussgetränk aus Südamerika reserviert. Schade!

 ## Paulus

Es gibt wenige Menschen, die es schaffen, zum Sprichwort zu werden. Dieser Mann hat es geschafft, denn er entwickelte sich »vom Saulus zum Paulus«. Sprich: Er erlebte eine existenzielle Lebenswende (zum Guten). Paulus galt lange als religiöser (▶ RELIGION) Ultra, der die Anhänger von Jesus (▶ JESUS) gnadenlos verfolgte, bis er vor Damaskus eine göttliche (▶ GOTT) Erscheinung hatte, geblendet zu Boden fiel und als einer der eifrigsten Christen (▶ CHRISTENTUM) der Kirchengeschichte wieder aufstand: Er zog los, um überall im Römischen Reich Gemeinden (▸ GEMEINDE) zu gründen, sorgte dafür, dass das Christentum von einer jüdischen (▸ JUDENTUM) Sekte (▸ SEKTE) zu einer eigenständigen Glaubensgemeinschaft wurde – und er erhielt zwölfmal den Preis als »Brillantester Briefeschreiber der Antike«. Zumindest hätte er ihn verdient. Denn seine launigen Massages (▸ EPISTEL) an die frühen Gemeinden gelten als erste theologische Darstellung des Evangeliums (▸ EVANGELIUM).

Paulusbriefe ▸ Paulus

Perikope

Schon früh dachten sich kluge Menschen: Es wäre doch knorke, wenn alle wichtigen Bibelstellen (▸ BIBEL) im Lauf der Zeit mal im Gottesdienst (▸ GOTTESDIENST) vorkommen würden. Also entwarfen sie eine Perikopen-Ordnung (»Perikope« bedeutet im Griechischen passenderweise »ein ausgeschnittenes Stück« – wie beim Käsekuchen) und ordneten jedem Sonntag im Kirchenjahr (▸ KIRCHENJAHR) bestimmte Lesungen und einen biblischen Text für die Predigt (▸ PREDIGT) zu. So, dass jetzt jede und jeder schon im Voraus wissen kann, worum's am kommenden Wochenende geht. In Old-School-Gemeinden gibt es nach wie vor drei Lesungen: eine aus dem Alten Testament (▸ ALTES TESTAMENT), eine aus den Briefen (▸ EPISTEL) und eine aus den Evangelien (▸ EVANGELIUM). Verehrern des Films »Das Boot« muss man zudem erklären: Mit Perikopen kann man nicht um die

Ecke schauen, das sind Periskope. Trotzdem gut, wenn Bibeltexte helfen, das Leben aus einer neuen Perspektive zu sehen.

Pfarrer/Pastorin/Priester

Ein Pfarrer ist jemand, der sich um die Nachbarschaft kümmert (griechisch *paroikia*: Nachbarschaft), ein Pastor ist ein »Seelenhirte«, und ein Priester ist ein leitender »Ältester« (griechisch: *presbyteros*). In der Realität machen die drei Nasen aber alle das Gleiche. Sie heißen nur anders, weil sie zwar denselben Chef (Gott) (▸ GOTT), aber verschiedene Arbeitgeber haben; nämlich unterschiedliche Kirchen (▸ KIRCHE, ▸ LANDESKIRCHEN). Sie kümmern sich (oftmals als Hauptamtliche) in einer Gemeinde (▸ GEMEINDE) um die Gottesdienste (▸ GOTTESDIENST), die Seelsorge (▸ SEELSORGE) und auch um die Verwaltung – selbst wenn Letzteres meist null ihren Begabungen entspricht. Viele dieser Frauen und Männer (bei Katholen [▸ KATHOLISCH] ist ein Schniedel bis heute Voraussetzung) haben Sorge, nicht als Profi-Christen (▸ CHRISTENTUM) erkannt zu werden und tragen deshalb modisch untragbare schwarze oder weiße sackartige Gewänder (▸ TALAR), die niemand freiwillig auf der Straße anziehen wollte. So führt die Kluft zur Kluft.

Pfarrgemeinderat/Presbyterium ▸ Kirchenvorstand

Pfingsten

Wer gute Fantasy-Stories liebt, ist hier genau richtig: Die Jünger (▸ JÜNGER) haben sich nach der Himmelfahrt (▸ HIMMELFAHRT) Jesu (▸ JESUS) mutlos in ein Haus verkrochen, als auf einmal ein Orkan durch den Raum tobt. Zusch! Als Nächstes tauchen mysteriöse Feuerflammen auf, die sich auf die Köpfe der Anwesenden setzen – und dann passiert das wahrhaft Geheimnisumwitterte: Die gerade noch Niedergeschlagenen sind plötzlich »begeistert« und von Gottes (▸ GOTT) Geist (▸ HEILIGER GEIST) erfüllt. Sie stürmen nach draußen und erzählen allen, die da zufällig vorbeiflanieren, wie irre es ist, wenn man Gottes Liebe kennt. Teilweise in Sprachen, die sie in der Schule gar nicht belegt hatten. Weil dieses Indoor-Adventure 50 Tage nach der Auferstehung Jesu passiert, heißt es Pfingsten (griechisch *pentekoste hemera*: der 50. Tag). Kenner meinen: Das war die wahre Geburtsstunde der Kirche (▸ KIRCHE), schließlich entstand dabei durch göttliches Teambuilding eine visionäre Gemeinschaft.

Pharisäer

In manchen Regionen nennt man Heuchler und selbstgerechte Menschen heute noch »Pharisäer«. Das haben die wahren Pharisäer aber nicht verdient – auch wenn sie sich oft mit Jesus (▸ JESUS) angelegt haben. Aus nachvollziehbaren Gründen: Sie waren Mitglieder der größten theologischen (▸ THEOLOGIE) Schule im antiken Judentum (▸ JUDENTUM) und überzeugt: »Wenn sich das Volk nur an die

Gesetze und Vorschriften (▸ GEBOTE) des Alten Testaments (▸ ALTES TESTAMENT) halten würde, dann käme der Messias« (▸ MESSIAS). Deshalb sorgten sie sich mit großem Eifer um die Heiligkeit (▸ HEILIGE) Israels (▸ ISRAEL). Tja, und dann tauchte Jesus auf, kümmerte sich um viele Vorschriften einen feuchten Kehricht und erklärte ausgelassen, der Messias sei jetzt da. Nun: Da prallten zwei Weltanschauungen radikal aufeinander. Doch der Pharisäer Nikodemus ahnt, was hier vor sich geht, schleicht sich zu Jesus und sagt: *»Ich weiß, dass du von Gott* (▸ GOTT) *gesandt bist.«* (Joh 3,2) Immerhin.

Pilgern

»Gehen ist des Menschen beste Medizin.« Verkündet die Arzt-Koryphäe Hippokrates schon vor langer Zeit. Und meint das nicht nur körperlich. Nein: Gehen beflügelt auch die Seele (▸ SEELE); ein Grund, warum sich inzwischen selbst Couchpotatos auf den Weg machen, um beim spirituellen Laufen sich und die Welt neu zu entdecken. Dann werden sie zu Pilgern (lateinisch *peregrinus*: in der Fremde seiend), die in der Ferne etwas Sehenswürdiges erreichen wollen. Meist einen Wallfahrtsort, wo irgendwas Heiliges (▸ HEILIG) passiert, erschienen oder begraben ist. Inzwischen wird der Begriff aber auch ungeistlich verwendet: »Dutzende Schlachter pilgerten zur Hackfleisch-Messe nach Offenbach.« Bei religiös motivierten Pilgern passiert es aber tatsächlich, dass sie vor lauter Blasen an den Füßen Visionen bekommen und später sagen: »Unterwegs bin ich Gott (▸ GOTT) begegnet.«

Pontius Pilatus

Er gilt als legendärster Händewäscher aller Zeiten: Pontius Pilatus, der diensthabende Beamte, der zur Zeit Jesu (▸ JESUS) die römische Provinz betreute, in der das heutige Israel (▸ ISRAEL) liegt. Damals hatte sein Waschzwang aber noch nichts mit Hygiene zu tun, sondern sollte symbolisch bekräftigen: Mit dem Tod von Jesus habe ich nichts zu tun. Ich wasche meine Hände in Unschuld. Was nicht ganz stimmt, denn eine Kreuzigung (▸ KREUZ) durfte nur der Präfekt selbst anordnen. Immerhin hat diese Figur mit antisozialer Persönlichkeitsstörung es ins christliche (▸ CHRISTENTUM) Glaubensbekenntnis (▸ BEKENNTNIS) geschafft, so dass Millionen von Menschen seinen Namen jeden Tag herunterbeten (▸ GEBET): »Ich glaube an Jesus ... gelitten unter Pontius Pilatus.« Vermutlich einfach zu viel der Ehre, möglicherweise aber auch eine Mahnung: nicht immer anderen die Schuld zuschieben.

 ## Predigt

Der Heilige (▸ HEILIGE) Franziskus, der selbst wilden Kreaturen die Liebe (▸ LIEBE) Gottes (▸ GOTT) verkündete, mahnte: »Predige das Evangelium (▸ EVANGELIUM) zu jeder Zeit – wenn nötig, gebrauche dazu Worte.« Taten sind also wichtiger als Quasselei. Trotzdem können Christinnen und Christen (▸ CHRISTENTUM) es nicht lassen, anderen voller Hingabe den Glauben (▸ GLAUBEN) zu erklären. Und wenn sie das in einer geistlichen Feier (▸ GOTTESDIENST) machen, nennt man diesen Sermon »Predigt« (lateinisch *praedicatio*: Vortrag).

Meist versuchen die Predigenden, in ihren heiligen Schwadronaden einen biblischen (▸ BIBEL) Text so auszulegen, dass den Lauschenden ein Licht (▸ LICHT) aufgeht, warum solche antiken Geschichten bis heute lebensrelevant sind. Was ja stimmt! Aber: Weil diese Erläuterungen gelegentlich vorwurfsvoll daherkamen, nannte man die Schimpftiraden, mit denen früher Frauen ihre sternhagelvollen Männer durch die Bettvorhänge begrüßten, »Gardinenpredigten«.

Prophet

Propheten (griechisch *profetes*: Sendboten) sind quasi das Sprachrohr Gottes (▸ GOTT) und verkünden in seinem Namen, was der Himmel (▸ HIMMEL) mit den Menschen so vorhat – so wie ein mittelalterlicher Herold: »Hört, ihr Leute, und lasst euch sagen ...« Den Zenit ihres biblischen Auftretens hatten diese Jungs vom 8. bis ins 6. Jahrhundert vor Christi (▸ CHRISTUS) Geburt (▸ WEIHNACHTEN), als die Israeliten (▸ ISRAEL) politisch einiges versemmelt hatten, in ein fremdes Land deportiert wurden (»By the rivers of Babylon«) und eine dezente Standpauke brauchten. Das Christentum feiert die Propheten bis heute, weil es überzeugt ist, dass diese Orakel das Kommen von Jesus (▸ JESUS), dem Messias (▸ MESSIAS), schon damals geweissagt haben. Einige moderne Hellseher sind sogar überzeugt, auch heute gebe es Propheten. Schau'n mer mal!

Protestantismus

1529 gab es in Speyer auf einem Reichstag des Kaisers einen Zwergenaufstand: »Hey, ihr Flachpfeifen habt uns Evangelischen (▶ EVANGELISCH) doch vor drei Jahren versprochen, dass wir wie die Katholiken (▶ KATHOLISCH) unseren Glauben (▶ GLAUBEN) frei leben dürfen. Und jetzt wollt ihr das wieder zurücknehmen? Das ist ja wohl nicht euer Ernst!« (Ernst = männlicher Vorname) Diesem lautstarken Protest verdanken die Protestanten ihren Namen. Stark, oder? Offensichtlich ging es sehr turbulent zu, als die Anhänger der Reformation (▶ REFORMATION) versuchten, als gleichwertige Konfession (▶ KONFESSION) anerkannt zu werden. Das Paradoxe an dieser Geschichte ist: Gerade der Versuch des katholischen Kaisers, die Evangelischen offiziell zu verbieten, führte dazu, dass einige prominente Fürsten sich erstmals öffentlich zu den revolutionären Ideen Martin Luthers (▶ LUTHER, MARTIN) bekannten. Selbst schuld.

 # Psalm

Anscheinend wurde schon vor 3.000 Jahren in Gottesdiensten (▶ GOTTESDIENST) kräftig geschmettert. 150 dieser antiken Hits sind in der Bibel (▶ BIBEL) im »Buch der Psalmen« gesammelt (griechisch *psalmos*: Saitenspiel) – poetische Lyrics, die alle Lebenslagen von Lust bis Frust und von Flop bis Top beschreiben. Die meisten davon soll der heiß umstrittene König und Liedermacher David verfasst haben, der am liebsten besingt, wie er auch in komplexen Lebenslagen auf Gott (▶ GOTT) vertrauen (▶ VERTRAUEN) konnte.

Der angesagteste dieser Evergreens ist der Psalm mit der Nummer 23: »*Gott ist mein Hirte. Darum wird es mir an nichts fehlen. Er weidet mich auf einer saftigen Wiese und führt mich zu frischen Quellen. Und selbst wenn ich mal durch dunkle Zeiten gehe, weiß ich: Er ist bei mir.*« Verrückte Vorstellung, dass dieser Song Menschen seit drei Jahrtausenden tröstet, ermutigt … und sie motiviert, mal wieder hingebungsvoll zu grasen.

 Quasimodogeniti ▸ Kirchenjahr

R

 Reformation

Die brillanteste Übersetzung von »Reformation« heißt: Back to the Roots! Zurück zu den Wurzeln. Zum Geist der Anfangszeit (lateinisch *reformatio*: Wiederherstellung). Logisch, der Mönch Martin Luther (▸ LUTHER, MARTIN) hatte ja 1517 den Eindruck: Irgendwie sind der Kirche viele Grundwerte Jesu (▸ JESUS) verlorengegangen, und die befreiende Botschaft von Glaube (▸ GLAUBEN), Liebe (▸ LIEBE) und Hoffnung (▸ HOFFNUNG) verrottet. Verständlich: Wenn das Evangelium (▸ EVANGELIUM) die Menschen nicht mehr befreit, sondern ihnen Angst macht, dann läuft was schief. Luthers Wunsch, das System zu verändern, scheiterte aber. Und so gründeten die zahlreicher werdenden Querköpfe eine eigene Kirche (▸ KIRCHE), nämlich die evangelische (▸ EVANGELISCH) – was dann doch ziemlich neu war. Das wohl wichtigste Vermächtnis dieser Bewegung lautet: *Ekklesia semper reformanda* – die Kirche muss ständig reformiert werden, wenn sie lebendig bleiben soll.

Reich Gottes

Gibt es so etwas wie eine ideale Welt? »Ja«, sagt Jesus (▸ JESUS), »die gibt es. Eine Welt, in der die Liebe (▸ LIEBE) Gottes (▸ GOTT) alles durchdringt – dich, mich, die Gemeinschaft, deinen Hamster … einfach alles!« Diesen Wunschtraum nennt der Wanderprediger aus Nazareth »Reich Gottes« oder »Himmelreich« – manchmal auch weniger lyrisch »Königsherrschaft«. Und er wird nicht müde, sein Ideal anzupreisen: *»Kümmert euch vor allem um das Reich Gottes, denn dann werdet ihr alles bekommen, was ein Mensch braucht.«* (Mt 6,33) Leider dachten damals viele, Jesus spräche von einem politischen Machtwechsel. Sie verstanden nicht, dass es ihm – wie man heute entspannt sagt – um ein »Reframing« des Daseins ging, einen Perspektivenwechsel. Deshalb: Augen auf! Denn Jesus war sich gewiss: *»Das Reich ist schon mitten unter euch«* – überall da, wo Menschen Heil und Liebe erleben, kann man es spüren. Trotzdem beten Glaubende (▸ GLAUBEN) im Vaterunser (▸ VATERUNSER) unermüdlich weiter: *»Dein Reich komme!«*

 # Religion

Vielleicht (vielleicht aber auch nicht) stammt der Begriff »Religion« vom lateinischen Wort *religare* ab, das »sich zurückbinden« bedeutet. Wie gesagt: Ist umstritten, und die klügsten Akademixer dieser Welt lieben es, darum zu zanken. Egal. Ganz gleich, ob die Herleitung stimmt, inhaltlich passt sie gut: Religiös sind demnach Menschen, die sich und ihr Leben an einen Gott (▸ GOTT) (zurück-)binden, der sie geschaffen hat. Und wenn sich derartige Menschen auf einen wonnigen Gott einigen, dann gehören sie gemeinsam zu einer Religion. Andere Erbsenzähler behaupten, der Wortstamm könne auch von *relegere* kommen, was »bedenken« heißt. Dann wären Glaubende (▶ GLAUBEN), also die, die auf den Himmel (▶ HIMMEL) »achten«, vor allem Bedenkenträger. Schwer zu sagen, was stimmt. Wenn man sich Kirchenleitungen (▶ KIRCHE) anschaut, neigt man zu Zweitem.

 Reliquie

Jetzt wird es ein bisschen eklig: Schon in den ersten Jahrhunderten kamen abgedrehte Christen (▶ CHRISTENTUM) auf die Idee, die »Überbleibsel« (lateinisch *reliquiae*) heiliger (▶ HEILIGE) Menschen wären als Talisman geeignet. Manchmal ging es dabei nur um den Nachttopf einer Märtyrerin oder die Zeckenzange eines kultigen Mönchs, meist aber um abgetrennte Körperteile. So fingen einige Leichenfledderer an, Verstorbene zu zerstückeln, um die Stückchen als Glücksbringer zu verscherbeln. Offenbar fühlen sich manche Menschen dem Himmel (▶ HIMMEL) näher, wenn sie ein Ohrläppchen des Heiligen Stephanus in der Tasche tragen – vergleichbar mit einer handsignierten Autogrammkarte von Michael Jackson. Tatsächlich werden bis heute in katholischen (▶ KATHOLISCH) Kirchen (▶ KIRCHE) Reliquien in den Altar (▶ ALTAR) eingebettet, um sich mit den Heiligen verbunden zu wissen. Erinnert an ein Gedicht von Ralph Waldo Emerson: »Das schönste Geschenk ist ein Stück von dir.«

Rosenkranz

»Gegrüßt seist du, Maria (▸MARIA*), voll der Gnade, der Herr ist mit dir. Du bist gebenedeit unter den Frauen, und gebenedeit ist die Frucht deines Leibes, Jesus«* (▸JESUS). Gebenedeit (sein) ist nichts Unanständiges, sondern das Gegenteil von »vermaledeit«, also: gesegnet. Diese Verse gehören zum Ave-Maria, einem der kultigen Gebete, die man mit einem Rosenkranz betet. Letztlich ist das Ding eine Gebets-Konzentrationshilfe-Kette aus 59 Perlen, an denen man entlangbetet. Zu jeder der unterschiedlich großen Perlen gehört entweder ein Ave-Maria, ein Vaterunser (▸VATERUNSER) oder ein »Ehre sei dem Vater«. Und für die Verzweifelten, die nicht wissen, wo der Anfang ist, hängt auch noch ein kleines Holzkreuz (▸KREUZ) dran. Woher der Name »Rosenkranz« kommt, ist ungeklärt: Entweder war das »Rosarium« früher aus Rosen, oder man wollte daran erinnern, dass die Rose ein Symbol für die Jungfräulichkeit (▸JUNGFRAUENGEBURT) Marias ist. Wurscht!

S

☺ Sakramente

Nichts ist für einen Glaubenden (▸ GLAUBEN) schöner als die Erfahrung: »Gott (▸ GOTT) ist gegenwärtig.« (Dieser Slogan wurde von Joachim Neander höchst hitverdächtig vertont.) Darum nennt man kirchliche (▸ KIRCHE) Rituale, in denen alle überzeugt sind, »Gott ist gegenwärtig«, Sakramente (lateinisch *sacramentum*: Zeichen des Heils). In der katholischen (▸ KATHOLISCH) Kirche gibt's davon sieben: Taufe (▸ TAUFE), Firmung (▸ FIRMUNG), Eucharistie (▸ EUCHARISTIE), Buße (▸ BUSSE), Krankensalbung, Ehe (▸ HOCHZEIT) und Weihe (wenn jemand als Priester [▸ PFARRER/PASTORIN/PRIESTER] oder Bischof [▸ BISCHOF/BISCHÖFIN] eingeführt wird). Die Reformatoren (▸ REFORMATION) waren skeptischer: »Woher wisst ihr, dass Gott bei jeder Weihe mitmischt? Gut, Jesus ist getauft und hat geabendmahlt, da bürgt er für himmlische Präsenz, aber ...« Lange Rede, kurzer Sinn: Bei den Protestanten (▸ PROTESTANTEN) gibt's nur zwei Sakramente. Fromme finden ohnehin: Gott ist immer da. Also ist das ganze Leben ein Sakrament.

Sakristei

Jeder Beruf braucht seinen Abstellraum: Bei Pfarrern und Priestern (▸ PFARRER/PASTORIN/PRIESTER) ist das die Sakristei – die nach dem Sacrista benannt ist, dem Mönch, der im Kloster die Kirche (▸ KIRCHE) schrubben durfte. Man könnte deshalb auch von einer sakralen Besenkammer sprechen ... nur dass da neben dem Wischmopp auch noch Gewänder (▸ PARAMENTE), Abendmahlskelche (▸ ABENDMAHL) und Verstärkeranlagen aus den sechziger Jahren untergebracht sind. Oftmals dient dieses Gerümpel-Lager, das meist in der Nähe des Altars (▸ ALTAR) liegt, auch der Vorbereitung der Liturgen (▸ LITURGIE). Ach ja: Um die Würdenträger daran zu erinnern, dass sie ihren Job bitte mit der gebotenen Würde zelebrieren, hängen viele Kirchenvorstände (▸ KIRCHENVORSTAND) dort eine Ahnengalerie aller Vorgängerinnen und Vorgänger auf. Und komischerweise lachen die nie. Denn: Wenn dich 30 griesgrämige Gestalten anstarren, traust du dich nicht mal, einen fahren zu lassen (▸ LUTHER, MARTIN).

Schöpfung

Ganz am Anfang der Bibel (▸ BIBEL) steht eine ihrer prachtvollsten Geschichten: Da wird lustvoll erzählt, wie Gott (▸ GOTT) in sechs Tagen das Universum und die Erde erschafft. Mal eben so aus dem Nichts. Beziehungsweise dem Tohuwabohu. Mit kraftvollen Worten: *»Es werde Licht!«* (Gen 1,3) Die »Krone der Schöpfung« ist dann der Mensch, der sich leider schon wenige Verse später als Systemsprenger erweist (▸ PARADIES). Manche verwechseln die Bibel mit einem Geschichtsbuch und meinen, exakt so müsse es passiert sein, andere dagegen sagen erstaunt: »Wahnsinn, wie korrekt die Darstellung nach wissenschaftlichen Kriterien damals schon war« – obwohl diese Erzählung was völlig anderes will: Nämlich Gottes Jubelruf über seine Schöpfung verkünden. *»Siehe: Es ist sehr gut!«* (Gen 1,3) Weil ein Mensch, der glauben (▸ GLAUBEN) kann, dass er und die Welt gewollt sind, ein starkes Selbstwertgefühl entwickelt und mit sich und der Natur achtsam umgeht.

 ## Seele

Ist eine Frau oder ein Mann nur Haut und Knochen? Und Eingeweide? Bestimmt nicht! Um all das, was einen Menschen ausmacht – seine Persönlichkeit, sein Wesen, seine Gefühle und seine Gedanken – fassen zu können, kreierten schon die antiken Griechen den Begriff »Psyche«. Die deutsche Übersetzung lautet Seele – und hat höchstwahrscheinlich damit zu tun, dass die Urgermanen überzeugt waren, wir kämen alle aus dem »Seerosenteich« (Seele = das Ding aus dem See; schwäbisch = kleiner See; nein, das Letzte ist natürlich Quark). Wahrhaft eine nette Vorstellung. Vor allem steckt dahinter der Gedanke: Die Seele gibt es schon, bevor sie sich einen irdischen Körper bei »Rent-a-body« ausleiht. Was zu der Vermutung führt, dass die Seele auch weiterlebt, wenn die Hülle »den Geist aufgibt«. Jesus (▸ JESUS) fand, man möge seine Seele pflegen: *»Was bringt's, wenn man alles besitzt und dabei Schaden an seiner Seele nimmt?«* (Mt 16,26) Und wenn einen jemand dabei seelisch unterstützt, dann ist er ein Seelsorger.

Seelsorge ▸ **Seele**

 Segen

Was viele gar nicht wissen: »Tschüss!« ist ein verkappter Segen, das heißt: der Zuspruch von Gottes (▸ GOTT) Gegenwart. Es ist nämlich die umgangssprachliche Kurzform von *adieu* (aus dem Französischen) oder *adiós* (aus dem Spanischen), was wiederum die Kurzform von »Gott sei mit dir!« darstellt. Krass, oder? Jedes Mal, wenn wir »Tschüss« sagen, sagen wir einem Menschen zu, dass Gott ihn begleiten und mit seiner Liebe erfüllen will. Und weil so ein Segen früher gerne mit einer kreuzförmigen (▸ KREUZ) Geste begleitet wurde, trägt diese Kraftübertragung den Namen »Segen« (lateinisch *signare*: mit einem Zeichen versehen). Studien zeigen, dass selbst zweifelnde Menschen sich kaum etwas mehr wünschen, als »gesegnet« zu sein. Höchste Zeit für eine Renaissance dieses vernachlässigten Brauchs. Segnen kann und darf jeder. Und das ist ein Vertrauensbeweis (▸ VERTRAUEN) Gottes. In diesem Sinne: Tschüss!

 Sekte

Ganz genau kann niemand sagen, was eine Sekte ist. So viel steht aber fest: Mit dem Wort »Sekte« (lateinisch *secta*: Lehre oder Partei) meinen die meisten eine religiöse (▸ RELIGION) Gemeinschaft, die sich von ihrer Mutterreligion abgespalten hat. In diesem Sinne wären allerdings auch alle Evangelischen (▸ EVANGELISCH) eine Sekte. Oh! Am liebsten nutzen Kritiker diesen Begriff, wenn sie eine spirituelle Gruppierung meinen, die merkwürdige Strukturen hat, bizarre Rituale pflegt (»Nackt den Mond anheulen« oder »Mate-Tee trinken«) oder an etwas völlig Absurdes glaubt – wie an das »Fliegende Spaghetti-Monster« ... an Außerirdische, die Hauskatzen fernsteuern ... oder an heilige Knochenteile, die Segen (▸ SEGEN) bringen. Obwohl: Das glauben Katholiken (▸ KATHOLISCH) ja auch (▸ RELIQUIEN). Wir sehen, das Ganze ist komplex. Da gilt: Immer prüfen, ob es um Liebe (▸ LIEBE) oder um Macht geht.

 Seligpreisungen ▸ Bergpredigt

 Shalom ▸ Frieden

 Sonntag

Im Römischen Reich war der Sonntag (wie der Name noch heute unverblümt offenbart) dem Sonnengott »Sol« gewidmet. Was die Christinnen und Christen (▸ CHRISTENTUM) von Anfang an blöd fanden. Schließlich war das auch der spezielle Tag, an dem Jesus (▸ JESUS) von den Toten auferstanden ist (▸ AUFERSTEHUNG) – und zudem der Tag, an dem Gott (▸ GOTT) mit der Schöpfung (▸ SCHÖPFUNG) begonnen hat; also ein Tag des Aufbruchs und des Neuanfangs. Perfekt zum Gottesdienst-Feiern. (▸ GOTTESDIENST) Trotzig nannten sie den Sonntag deshalb »Tag des Herrn«; bis Kaiser Konstantin (▸ KONSTANTIN) ihn zum arbeitsfreien Feiertag bestimmte. Seither gilt: Am Sonntag darf sich die Seele (▸ SEELE) um ihr Seelenheil kümmern. Hemmungslose Einzelhändler glauben dennoch: Dürften Menschen auch sonntags einkaufen, würden sie wesentlich mehr konsumieren! Voilà: Buy one, get one free!

Spiritualität

Über Glauben (▸ GLAUBEN) kann man unendlich viel reden, nachdenken, streiten und lamentieren. Ist ja auch nett! Aber so richtig ans Eingemachte geht es, wenn man die Kraft des Glaubens persönlich erlebt, wenn man Gottes (▸ GOTT) Nähe spürt und entdeckt, dass die Liebe (▸ LIEBE) tatsächlich eine Macht ist, die die Gesellschaft verändern kann. All diese erfahrungsorientierten Dimensionen des Christentums werden unter dem Begriff »Spiritualität« vereint (lateinisch *spiritus:* kein Grillanzünder, sondern der »Geist« [▸ HEILIGER GEIST]). Wie das genau vonstatten geht, und wann sich jemand mit dem Himmelreich (▸ REICH GOTTES) verbunden fühlt, ist sehr individuell. Macht aber nix: Während die einen Bäume umarmen, den Sonnengruß beim christlichen Yoga üben oder 14 Stunden durchbeten, haben andere durchgehend den Eindruck, sie wären mit Gott in inniger Beziehung.

Stola

Mal ehrlich: Sowohl ein schwarzer Talar (▸ TALAR) als auch ein weißes Priestergewand sind keine Haute Couture – und außer an Fasching würde niemand so was freiwillig anziehen. Zum Glück bemerkten modebewusste Christinnen schon früh: Das kann man aufhübschen. Also verordnen sie den Liturgen (▸ LITURGIE) farbige Schals, deren Enden dezent über den Knien baumeln. Zumindest könnte es so gewesen sein. Woher die Stola genau kommt, weiß keiner – was wir aber wissen ist: Schon im 4. Jahrhundert wurde gestritten, welche Würdenträger sich mit derartigen Accessoires herausputzen dürfen und welche nicht. Eitel geht die Welt zugrunde. Auch in der evangelischen (▸ EVANGE-LISCH) Welt wird die Verwendung von Stolen bis heute misstrauisch beäugt: »Ist das nicht kitschiger Firlefanz?« Elegante Eleven dagegen finden: »Das hat Stil« – und tragen die Stola passend zu den Farben des Kirchenjahrs (▸ KIRCHENJAHR).

 Sünde

Witzig: In der Geschichte vom »Sündenfall« (▸ PARADIES; Gen 2) kommt der Begriff »Sünde« gar nicht vor. Trotzdem ist der biblische (▸ BIBEL) Plot vom Zerwürfnis zwischen Gott (▸ GOTT) und seinen Erst-Geschöpfen eine anschauliche Umschreibung dessen, worum es geht: Sünde bezeichnet alles, was den Menschen von Gott trennt (und kommt wohl vom Altnordischen *Sundr*: das Trennende). Gemeint ist also nicht ein sündhaft großes Stück Sachertorte oder ein

Eintrag in die Verkehrssünder-Datei. Und Sünde hat auch rein gar nichts mit Sex zu tun – obwohl das schlüpfrige Persönlichkeiten gerne in Verbindung bringen. Letztlich dreht sich in der Bibel alles um die Frage: Wie kann die Trennung zwischen Gott und Mensch überwunden werden? Nachdem alle Versuche Gottes, eine Paartherapie einzuleiten, gescheitert sind, greift er zum Äußersten: Jesus (▸ JESUS) klärt das mit der Sünde der Menschen ein für alle Mal und sagt: »Achtung: Die geht auf mich!«. Ein perfekter Augenblick, um noch mal die Story »Erlösung« zu lesen (▸ ERLÖSUNG).

Synode

Was heute »Come together« oder »Meeting« heißt, nannte man früher elegant »Synode« (griechisch *synodos*: Treffen, Versammlung, eigentlich: »zusammen unterwegs sein«). In der katholischen (▸ KATHOLISCH) Kirche (▸ KIRCHE) machten solche Zusammenkünfte unter dem Namen »Konzil« (lateinisch *concilium*: Rat) eine steile Karriere, da trafen sich nämlich die kirchenleitenden Herren, um unfassbar wichtige theologische Fragen zu klären. So was wie: »War Jesus (▸ JESUS) vor allem Gott (▸ GOTT) oder vor allem Mensch?« Oder: »Wie viele Engel passen auf eine Nadelspitze?« Oder: »Kann Gott einen Stein erschaffen, der so schwer ist, dass er ihn selbst nicht mehr heben kann?« Irgendwas in die Richtung. Protestanten (▸ PROTESTANTEN) haben den altehrwürdigen Begriff »Synode« (in katholischen Augen) entweiht, indem sie selbst läppische regionale Verwaltungsgremien als Synoden bezeichnen: »Schatz, isch hab heut Dekanatssynode!«

T

 ## Talar

Nicht nur protestantische Pfarrerinnen und Pfarrer (▶ PFAR-RER/PASTORIN/PRIESTER) vermummen sich gerne mit einem Talar; auch Professoren, Juristinnen und Absolventen schlüpfen gelegentlich in dieses knöchellange Oberge-wand mit den viel zu großen Ärmeln. Bei manchen Män-nern mag das daran liegen, dass sie endlich auch mal ein schwarzes Kleid anhaben wollen – bei Frauen ist es gar nicht zu erklären. Obwohl: Das frühere Gelehrten-Outfit soll die Würde des Amtes hervorheben. Außenstehende denken heute eher: »Du Sack!« Was auch daran liegen kann, dass sich die Talaristen in vielen Kirchen (▶ KIRCHE) zusätzlich ein Sabberlätzchen aus zwei weißen Stofffetzen umhängen, das Bäffchen. Angeblich war das Teil ursprüng-lich ein Bartschoner, was es vor allem für Frauen im Pfarr-amt unersetzlich macht. Hamburger Geistliche dagegen tragen eine Riesenkrause und sehen damit aus wie ein gi-gantisches Bonbon.

Taufe

Wasser marsch! Die Restart-Tauf-Aktion von Johannes (▸ JOHANNES) im Fluss Jordan war ein derartiger Marketingerfolg, dass Jesus (▸ JESUS) kurz vor seiner Himmelfahrt (▸ HIMMELFAHRT) rief: *»Tauft alle – auf den Namen des Vaters und des Sohnes und des Heiligen Geistes.«* (Mt 28,19) Daraus wurde ein Ritual, bei dem Menschen genüsslich untertauchen und gleich mehrere Dinge auf einmal erleben: Ihnen wird die grenzenlose Liebe Gottes (▸ GOTT) zugesprochen, sie bekennen, dass sie auf diese Liebe (▸ LIEBE) vertrauen (▸ VERTRAUEN) wollen, und sie werden mit dem Heiligen Geist (▸ HEILIGER GEIST) beschenkt – womit sie zugleich in die größte Glaubensgemeinschaft der Welt (▸ CHRISTENTUM) eintreten. Während früher die Täuflinge als Ganzes untergetaucht wurden (um als runderneuerte Menschen wieder aufzutauchen), beschränkt sich die porentiefe Reinigung heute meist auf ein paar homöopathische Tropfen auf den gegelten Pony.

 Teufel

Jeder gute Drehbuchautor weiß: Packende Stories brauchen einen Fiesling, einen hundsgemeinen Widersacher, der den Heldinnen so richtig zusetzt. Den gibt es auch im Christentum (▸ CHRISTENTUM): den Teufel (griechisch *diabolos*: der Durcheinanderbringer). Er ist quasi das personifizierte Böse, das alles infrage stellt, was Gott (▸ GOTT) an Gutem will. Da passte es, dass im Alten Testament (▸ ALTES TESTAMENT) in einer kurzen Dokusoap beschrieben wird, wie ein garstiger Engel gegen den Himmel (▶ HIMMEL) rebelliert und dann eine schrille Terroristengruppe gründet: die Dämonen. Viel mehr verrät die Bibel (▶ BIBEL) über den Teufel nicht, aber es reicht, um die Fantasie der Menschen seit Jahrhunderten zu wilden Gruselszenarien zu verführen. Seither sind einige überzeugt: Der »Anti-Christ« lauert überall. Die Bibel ist da viel gelassener: *»Durch seinen Tod hat Jesus (▶ JESUS) den Teufel überwunden.«* (Hebr 2,14) Also: Alles halb so wild.

Theodizee

Warum gibt es so viel Unheil auf der Welt? Wer das wissen will, der stellt die Frage nach der Theodizee (griechisch *teodikia theos*), der Gerechtigkeit Gottes (▶ GOTT). Nachvollziehbar! Wenn man all das Leid, die Katastrophen und Trashshows im Fernsehen sieht, könnte man denken: Entweder hat Gott keinen Bock, das Böse zu verhindern, dann ist er hundsgemein – oder er kann es nicht, dann ist er nicht mächtig. Aber: So funktioniert das nicht. Erstens könnten Menschen das Schöne gar nicht wertschätzen, wenn es das Böse nicht gäbe. Beispiel: Wenn ich alle Menschen gleich attraktiv fände, gäbe es zwar keine Eifersucht mehr, aber auch keine Liebe (▶ LIEBE). Und zweitens ist ein Vater, der sein Kind auf den Spielplatz lässt, nicht böse, sondern ein Freund von Vertrauen (▶ VERTRAUEN) und Eigenverantwortung. Der Philosoph Gottfried Wilhelm Leibniz fand: »Ja, die Erde ist ein ganz schöner Saftladen – aber trotzdem die beste aller Welten.« Herausfordernd.

Theologie

Manche lernen was Anständiges, andere studieren Theologie, die Lehre von Gott (griechisch *theos logos*). Etwa um Pfarrerin oder Pfarrer (▸ PFARRER/PASTORIN/PRIESTER) zu werden – da wird das nämlich dringend gefordert. Und es ist ja auch nicht ganz dämlich, wenn eine oder einer in diesem Job von den grundlegenden Dingen Ahnung hat: von der Bibel (▸ BIBEL), vom Predigen (▸ PREDIGT), vom Leiten einer Gemeinde (▸ GEMEINDE), von der Seelsorge (▸ SEELE) und von der Kunst, anderen die »Schönheit des Glaubens« (▸ GLAUBEN) nahezubringen. Noch sind im Studium die Sprachen Griechisch, Latein und Hebräisch (um die Bibel [▸ BIBEL] cool im Original präsentieren zu können) wichtiger als die Frage, wie man bei einem groovigen Gospel auf 2 und 4 klatscht und einen Gottesdienst zur Party macht – aber das ändert sich. Martin Luther (▸ LUTHER, MARTIN) zumindest fand schon vor 500 Jahren: »Wer immer und überall lachen kann, der ist ein wahrer Doktor der Theologie.«

 Tod

»Tod, wo ist dein Stachel?!« (1 Kor 15,55) Diesen Knaller-Satz schmettert Paulus (▸ PAULUS) dem Sensenmann entgegen. Er weiß zwar auch, dass jede biologische Existenz irgendwann an ihr Ende kommt, also tot ist (germanisch *daub*: sterben), sprich: dass jede und jeder irgendwann den Löffel abgibt, bleibt aber voller Hoffnung (▸ HOFFNUNG): Auch ohne Löffel existiert es sich ganz gut. Nämlich bei Gott (▸ GOTT). In anderer Form. Allein, weil Jesus (▸ JESUS) versprochen hat: *»Wer da lebt und glaubt an mich, der wird nimmermehr sterben.«* (Joh 11,26) Hört, hört! Das heißt nicht, dass es nicht sehr schmerzhaft ist (▸ TRAUER), wenn ein lieber Mensch stirbt (und Oma ihre butterweichen Königsberger Klopse nicht mehr kochen kann; [▸ TRAUER]), aber es wird einen Glaubenden (▸ GLAUBEN) nicht zu Tode ängstigen. Der Kirchenvater Augustinus fand sogar: »Ihr, die ihr mich so geliebt habt, seht nicht auf das Leben, das ich beendet habe, sondern auf das, welches ich beginne.«

☺ Transsubstantiation

Echte Evangelen (▸ EVANGELISCH) können dieses Wort nicht mal aussprechen: »Transsubstantiation« (lateinisch für »Wesensverwandlung«). Für viele Katholiken (▸ KATHOLISCH) hängt aber genau daran das Heil: Was genau hat Jesus (▸ JESUS) wirklich gemeint, als er beim Abendmahl sagte: *»Dieser Wein ist mein Blut und dieses Brot mein Leib«*? Transsubstantiationikerinnen sind überzeugt: Das passiert genauso … Wein wird zu Körperflüssigkeit, Brot zu Fleisch. Bleibt das Problem: Es sieht immer noch aus wie Brot und Wein. »Ja«, sagen die Verfechter dieser Lehre, »aber es sieht eben nur so aus. In Wirklichkeit ist es eine neue Substanz.« Das muss man nicht verstehen. Und schon gar nicht, dass darüber bis heute gestritten wird. Lutheraner (▸ LUTHER, MARTIN) denken zwar ähnlich, lehnen aber das magische Brimborium ab. Und Reformierte (▸ KONFESSION) vermuten: »Das war eh nur symbolisch gemeint.« Verständlich, dass von der lateinischen Abendmahlsformel *Hoc est corpus* (»Dies ist mein Leib«) unser Wort »Hokuspokus« stammt. Passt!

Trauer

Gelegentlich ist das Leben ein ziemliches Schlamassel. Da darf man zu Recht auch mal trauern (althochdeutsch *trure*: kraftlos werden). Ja, wenn man eine Herzallerliebste verliert, enttäuscht wird oder irgendwas absolut in den Sand gesetzt hat, kann man mies drauf sein. Experten meinen sogar: Wir trauern nicht zu viel, sondern zu wenig. Weil sich die meisten Leute keine Zeit zum Traurigsein nehmen, sondern möglichst schnell zum Alltagsgeschäft zurückkehren möchten. Dann nagt der Schmerz heimlich weiter an der Seele (▶ SEELE) – wie eine tollwütige Wühlmaus. Besser ist: sich dem Schmerz stellen und mit anderen drüber reden, bis man für einen Neuanfang bereit ist. Die Bibel (▶ BIBEL) verspricht den Menschen nirgendwo ein Leben ohne Leid, aber sie verheißt: *»Gott* (▶ GOTT) *ist denen nah, die zerbrochenen Herzens sind, und hilft denen, die ein zerschlagenes Gemüt haben.«* (Ps 34,18–19)

 ## Trauung ▶ Hochzeit

 ## Trinität ▶ Dreifaltigkeit

V

 Vaterunser

Der Nummer-eins-Hit aller Gebete (▸ GEBET) ist das Vaterunser. Logisch: Hat Jesus (▸ JESUS) ja selbst eingeführt und verschmitzt hinzugefügt: *»So sollt ihr beten.«* (Steht alles in Mt 6,9–12.) Welcher Glaubende (▸ GLAUBEN) würde da sagen: »Nee, mach ich nicht«? Ist aber wahrhaft gut gelungen, diese mustergültige Kontaktaufnahme mit Gott (▸ GOTT). Schon in der Einstiegsformel »Vater *unser*« wird deutlich: Hier ruft die Gemeinschaft der Glaubenden. Und dann kommen sieben Bitten, die zum Ausdruck bringen: Es wäre glorreich, wenn das mit dem »Reich Gottes« (▸ REICH GOTTES) Wirklichkeit würde – denn dann hätten wir sie, die heile Welt. Wobei diese Wunschliste auch die irdischen Bedürfnisse nicht vergisst: genug zu mampfen, seelische (▸ SEELE) Entlastung (*»Vergib uns unsere Schuld«* [▸ SÜNDE]) und konkrete Unterstützung *(»Führe uns nicht in Versuchung«)*. Beruhigend, dass sich die Konfessionen (▸ KONFESSION) bei allem Gezoffe einig sind: Dieses Gebet ist der Bringer!

Vergebung

Vergebung ist eine verrückte Sache, weil sie unsere unbedarfte Vorstellung von Gerechtigkeit total über den Haufen wirft. Fair wäre doch, wenn ein Übeltäter bestraft würde: »Dieser Saftsack! Was erlaubt der sich?« Gott (▸ GOTT) dagegen findet: Wenn ein Mensch einem anderen vergibt, ihm also dessen Freveleien nicht mehr nachträgt, gibt er ihm die Chance zum Neuanfang ... und sich auch. Weil man meist mies drauf ist, wenn man sich andauernd über andere echauffiert. Vergebung kommt also allen zugute. Abgesehen davon ist die Bibel (▸ BIBEL) überzeugt: »Jede und jeder hat Dreck am Stecken – und braucht Vergebung.« Wie gut, dass Gott genau die anbietet (▸ ERLÖSUNG). Mit anderen Worten: *»So sei euch nun kundgetan, liebe Geschwister, dass euch durch Jesus (▸ JESUS) Vergebung der Sünden (▸ SÜNDE) verkündigt wird; und in allem, worin ihr den Geboten nicht gerecht werden konntet, seid ihr gerecht gemacht, wenn ihr an ihn glaubt.«* (Apg 13,38–39)

 ## Vertrauen ▸ Glauben

W

🙂 Weihnachten

Viele fragen sich: Ist die Geschichte von der Geburt Jesu (▶ JESUS) in einem Stall in Bethlehem wirklich realistisch? Ich meine: Kaum auf der Welt, schon ein Krippenplatz ... Dabei war von Anfang an klar: Wenn der Sohn Gottes (▶ GOTT) entbunden wird, ist das ein Spektakel. Und dazu noch das coole Understatement Jesu: »Schaut mal, ich bin einer von euch. Kein elitäres Papa-Söhnchen. Auch ich habe Stallgeruch.« Ursprünglich war der Geburtstermin unwichtig, doch weil die Römer am 25. Dezember den Geburtstag des Sonnengottes Sol feierten, hielten die Christen (▶ CHRISTENTUM) dagegen: *»Jesus ist das wahre Licht der Welt«* (Joh 8,12) – und übernahmen das Datum kurzerhand. War bestimmt damals eine lustige Truppe rund um den Futtertrog: Maria (▶ MARIA), Josef, Hirten, Engel (▶ ENGEL), Weise und anderes Getier. Doch die Weihnachtsbotschaft gilt nach wie vor: *»Fürchtet euch nicht. Euch ist heute der Heiland (▶ MESSIAS) geboren.«* (Lk 2,10–11) Lohnt sich nachzulesen.

Weihrauch

Insider wissen: Im Weihrauch, diesem »heiligen Räucher-werk« (althochdeutsch *wirouh*), das im katholischen (▸ KA-THOLISCH) Gottesdienst (▸ GOTTESDIENST) jeden Sonntag (▸ SONNTAG) abgefackelt wird, sind psychoaktive Substanzen. Ja, die wirken krampflösend und antidepressiv. Viele finden: »Das braucht man auch bei dem Programm.« Trotzdem lustig, dass da so unverhohlen mit Drogen gearbeitet wird. Ängstliche Katholiken befürchten deshalb, dass das Internationale Olympische Komitee ihnen rückwirkend alle Amtshandlung aberkennen könnte – wegen Dopings: »Ich habe bei der Hochzeit zwar ›Ja‹ gesagt, war aber total zugedröhnt.« In der Antike wurde das zu Weihrauch vertrocknete Harz der Boswellien (was immer das für ein Gestrüpp sein mag) vor allen zur Ehrung von Königen genutzt. Die frühen Gemeinden (▸ GEMEINDE) fanden jedoch: »So ein miefiger Gestank gebührt nur Gott« (▸ GOTT). Wer's mag.

 # Wunder

»Wunder gibt es immer wieder«, sang Katja Ebstein 1970 – und meint damit Ereignisse, die nicht mit Logik oder physikalischen Gesetzen erklärbar sind. Voilà: Im Neuen Testament (▸ NEUES TESTAMENT) wimmelt es nur so von Wundern! Jesus (▸ JESUS) joggt über See, verwandelt H_2O in süffigen Cabernet Sauvignon, bringt Stürme zum Kuschen und heilt übelste Wehwehchen mit einer legeren Bemerkung. Ja, er weckt sogar halb vergammelte Tote wieder auf. Hut ab! Mit Beginn der Aufklärung versuchten Wissenschaftler händeringend, diese »Zaubertricks« zu entlarven, mussten aber einsehen: Darum geht es gar nicht. Wunder sind Visitenkarten Gottes (▸ GOTT) – und werden deshalb auch meist »Zeichen« genannt. Ja, sie sind Hinweise darauf, dass der Himmel (▸ HIMMEL) seine Hand im Spiel hat. Und was will Gott uns damit sagen? Nun, dass es nicht entscheidend ist, wie Jesus seine Wildwasserwanderung gewuppt hat, sondern dass er uns helfen kann, wenn uns das Wasser bis zum Hals steht.

Z

 Zölibat

Die perfekte Art, den Sexualtrieb zu verleugnen, ist der Zölibat (lateinisch *caelebs*: alleinlebend). Zumindest müssen katholische (▸ KATHOLISCH) Priester (▸ PFARRER/PASTORIN/PRIESTER) seit dem Jahr 1073 versprechen, ehelos und keusch zu leben. Warum? Gute Frage! Angeblich, um dem Vorbild Jesu (▸ JESUS) nachzueifern, der ja auch als »Bachelor« auftrat, um eine besonders heilig (▸ HEILIGE) wirkende Lebensform zu praktizieren ... und um sich mit Haut und Haar auf ihr Amt konzentrieren zu können. Evangelische (▸ EVANGELISCH) Geistliche, die im Gegenzug oft das Gefühl haben, sie müssten heiraten, behaupten aber, dass sie genauso viel rödeln. Ein uralter Kalauer bringt das Dilemma, das die katholische Kirche (▸ KIRCHE) schon manchen heißen Mitarbeiter gekostet hat, vermutlich am besten auf den Punkt: »Sagt ein Priester zum anderen: ›Meinst du, dass wir das Ende des Zölibats noch erleben?‹ Der antwortet: ›Wir wohl nicht, aber unsere Kinder.‹«

Nachwort
(in Kurznachrichten)

🙂 Ich liebe es, wenn mich jemand zu einem Fest einlädt. Besonders dann, wenn es vorher eine flippige **Einladungskarte** gibt. Die hänge ich mir dann nämlich an den Kühlschrank und freue mich jedes Mal, wenn ich daran vorbeiflaniere. Saugut! Nun ist das Verrückte: Die Karte ist ja nur der Hinweis ... das Eigentliche ist das Fest. Sprich: Es wäre skurril, mich über die Karte zu freuen, aber nicht zum Fest zu gehen. Mit den »Stories of Faith« ist das ähnlich: Sie sind wie eine Einladung – und jetzt ist die Frage: »Geh ich auch hin?« Weil Glauben (▸ GLAUBEN) nicht das »Lesen der Karte«, sondern das Losgehen, Feiern, Tanzen, Essen, Trinken und Genießen meint. Insofern kann ich nur sagen: Probier's aus! Ist ja null Risiko. Ob das mit einem Gebet (▸ GEBET), einem Gottesdienst (▸ GOTTESDIENST) oder dem Schmökern in der Bibel (▸ BIBEL) beginnt, kann jede und jeder selbst schauen.

🙂 In diesem Buch gibt es 153 Posts, ich hoffe aber, es ist klargeworden: Bei Gott hängt alles mit allem zusammen. Weil es darum geht, eine **neue Perspektive** einzunehmen: Nicht sich selbst zum Maßstab zu nehmen – wie das erstaunlicherweise die meisten Leute machen – sondern die Welt staunend mit Gottes (▸GOTT) Augen wahrzunehmen. Und dieser »Blick Gottes« ist voller Zuneigung, voller Vertrauen (▸VERTRAUEN) und voller Gnade (▸GNADE). Oder wie Paulus (▸PAULUS) – wir haben es schon gehört – markant schreibt: *»Am Ende bleiben Glaube* (▸GLAUBEN)*, Hoffnung* (▸HOFFNUNG)*, Liebe* (▸LIEBE) *... aber die Liebe ist die größte unter ihnen.«* (1 Kor 13,13) Mit anderen Worten: Alles, was Christinnen und Christen tun, soll von der Liebe bestimmt sein. Das heißt auch: Überall da, wo in Kirchen oder Gemeinden Lieblosigkeit spürbar wird, haben Menschen das Wesentliche nicht verstanden. Also: Lasst uns lieben! Dann haben wir verstanden.

☺ Der kleine, aber feine Unterschied zwischen einer Erläuterung und der existenziellen Bedeutung eines Begriffs wird besonders beim **Segen** spürbar (▸SEGEN). Ich könnte in diesem Buch noch so schön, umfassend und mitreißend beschreiben, was einen Segen ausmacht – und würde damit dem Phänomen »Segen« doch nie gerecht. Warum? Weil Segen zugesprochen wird. Er ist ein Beziehungsgeschehen: Eine oder einer spricht jemandem einen Segen zu. Da geht es um die Übertragung bzw. die Zusage der Gegenwart Gottes (▸GOTT) und seiner Kraft. Und weil dem so ist, dachte ich mir: Ich lasse dieses kleine Handbuch jetzt mit einem Segen enden. Voilà: Gott segne dich mit guten Geschichten. Mit starken »Stories of Faith«. Dass seine Liebe in dir aufblüht und du selbst für andere zu einer Quelle guter Geschichten wirst. So segne dich der Vater, der Sohn (▸ JESUS) und der Heilige Geist (▸ GEIST). Amen (▸ AMEN)!

Über den Autor

🙂 Ich persönlich finde: Ich passe richtig gut zu »Stories of Faith«. Denn wenn Menschen mich auf Partys fragen: »Was machst du eigentlich so beruflich?«, dann antworte ich gerne: »Ich bin Geschichten-Erzähler.« Ich erzähle Geschichten in Büchern, auf Kabarettbühnen, auf Kanzeln, im Radio (beim Kultsender hr3) und in großen Inszenierungen. Und ich bin immer wieder überrascht, wie gut mich meine »offiziellen« Studien (Theologie, Germanistik, Theaterwissenschaften und Gesang) darauf vorbereitet haben. Außerdem arbeite ich mit einer halben Stelle beim kirchlichen Thinktank »midi« in Berlin (www.mi-di.de), in dem wir unter anderem überlegen, wie man im 21. Jahrhundert so von Gott erzählen kann, dass Menschen sich neu »begeistern« lassen. Und auch das ... äh ... passt perfekt zu diesem Buch. In diesem Sinn: Danke fürs Lesen! Euer **Fabian Vogt**

🙂 Ein kleiner **Werbeblock** zum Schluss: Ich habe noch andere Bücher geschrieben, die sich auf unterhaltsame Weise mit Glaubensthemen beschäftigen. Wer Lust bekommen hat, ein bisschen tiefer einzusteigen, dem sei unter anderem Folgendes empfohlen:

⊕ **Jesus für Eilige**.
   Seine wichtigsten Ideen kurz & knackig
⊕ **Gott für Neugierige**.
   Das kleine Handbuch großer Fragen
⊕ **Luther für Neugierige**. Das kleine Handbuch
   des evangelischen Glaubens
⊕ **Der evangelische Patient**.
   Die Kirche: eine Heilungsgeschichte
⊕ **100 Dinge, die du NACH dem Tod auf keinen
   Fall verpassen solltest.**
   Der kleine Reiseführer durchs Jenseits

Weiter Infos gibt's unter: **www.fabianvogt.de**

Index

INDEX